浙江越秀外国语学院出版基金资助

高管声誉 对企业并购的影响研究

马 帅◎著

中国财经出版传媒集团

经济科学出版社
Economic Science Press

图书在版编目（CIP）数据

高管声誉对企业并购的影响研究 / 马帅著 . -- 北京：
经济科学出版社，2022.4
ISBN 978 - 7 - 5218 - 3631 - 8

Ⅰ. ①高… Ⅱ. ①马… Ⅲ. ①管理人员 - 影响 - 企业
兼并 - 研究 Ⅳ. ①F271.4

中国版本图书馆 CIP 数据核字（2022）第 068038 号

责任编辑：张 蕾
责任校对：杨 海
责任印制：王世伟

高管声誉对企业并购的影响研究
GAOGUAN SHENGYU DUI QIYE BINGGOU DE YINGXIANG YANJIU
马 帅 著
经济科学出版社出版、发行 新华书店经销
社址：北京市海淀区阜成路甲 28 号 邮编：100142
应用经济分社电话：010 - 88191375 发行部电话：010 - 88191522
网址：www. esp. com. cn
电子邮箱：esp@ esp. com. cn
天猫网店：经济科学出版社旗舰店
网址：http：//jjkxcbs. tmall. com
北京季蜂印刷有限公司印装
710 × 1000 16 开 10.75 印张 200000 字
2022 年 7 月第 1 版 2022 年 7 月第 1 次印刷
ISBN 978 - 7 - 5218 - 3631 - 8 定价：80.00 元
（图书出现印装问题，本社负责调换。电话：010 - 88191510）
（版权所有 侵权必究 打击盗版 举报热线：010 - 88191661
QQ：2242791300 营销中心电话：010 - 88191537
电子邮箱：dbts@ esp. com. cn）

前　言

长久以来，企业并购一直是公司战略领域的研究热点和重点。对于企业来讲，并购是一项重要的公司战略决策行为，通过并购企业能够快速实现规模扩充和业务多元化。根据路孚特发布数据，2018 年全球并购交易额高达 4 万亿美元，较 2017 年上升了 19%，并购交易数量达 4.7 万项，企业并购行为越发频繁。学者们对管理者发起并购的动机进行了研究。最初，学者们认为经理人进行并购是为了最大化企业价值和股东利益，通过并购实现经营业务上的协同效应。但随后学者们研究发现在公司所有权和经营权分离的情形下，股东对管理者往往缺乏有效的监督，从而出现代理问题。管理者出于构建企业帝国、增加薪酬等私利目的也会发起并购，或者出于风险规避考虑而放弃并购机会，从而损害了公司价值和股东利益。因此，学者们开始研究哪些治理机制能够对管理者形成有效激励和约束，抑制管理者在企业并购中的私利行为，提高并购价值。

声誉作为经理人一项重要的资产，能够发挥治理效应与资源效应，对企业并购产生重要影响。一方面，以往研究发现在管理者行为无法被有效观测时，声誉能够解决长期博弈下的委托代理问题，激励管理者在做投资决策时以企业价值和股东利益最大化为目的，具有治理效应；另一方面，声誉作为一种显性的市场信号机制，能够提高管理者获取资源的能力，例如，缓解企业融资约束为并购提供足够的资金支持，或者通过自身社会网络获取信息从而降低并购过程中的信息不对称程度等，具有资源效应。无论是声誉的治理效应还是资源效应都会影响到企业并购，但目前关注高管声誉与企业并购关系的研究还较少，而声誉对管理者职业生涯发展起着至关重要的作用，值得对这一话题充分地进行研究和探讨。

本书以我国上市公司并购事件为样本，选取企业并购中的三个关键环节，对高管声誉与企业并购（并购决策、并购溢价和并购绩效）的关系进行了研究。具体而言，本书主要解决以下几个问题：一是高管声誉与企业并购的关系是怎样的？声誉能否激励高管发起并购、降低并购溢价以及提高并购绩效？二是高管声誉是通过何种机制影响企业并购的？具体来讲，高管声誉是否缓解了企业面临的融资约束，为并购提供足够的资金支持，从而提高并购的可能性？高管声誉是否降低了并购企业与目标企业之间的信息不对称程度，从而降低并购溢价？三是高管声誉与企业并购的关系受到哪些因素的影响？具体地说，高管所处的职业生涯阶段、并购企业的产权性质以及外部经理人市场等因素是否影响了高管声誉与企业并购的关系？

为了解决以上问题，本书在相关理论和文献研究基础上，采用事件研究法，以我国 A 股上市公司并购事件为样本对上述问题进行了实证检验。

本书拓展了高管声誉与企业并购关系的相关研究，理论分析并实证检验了高管声誉影响企业并购的作用机理，丰富了高管声誉作用机制的理论研究。立足于我国制度背景，本书完善了高管声誉的情景化研究。基于研究结论，本书提出了完善公司治理机制以及提升并购有效性的政策建议。

受笔者能力所限，本书的研究尚存在许多不足之处，希望各位专家学者能够提出宝贵的意见。

马　帅

2022 年 2 月

目 录
Contents

1 绪论 …………………………………………………… （ 1 ）

  1.1 选题背景和问题提出 ………………………… （ 1 ）

  1.2 研究目的和研究意义 ………………………… （ 3 ）

  1.3 研究思路和研究方法 ………………………… （ 7 ）

  1.4 研究问题和研究内容 ………………………… （ 9 ）

  1.5 结构安排和技术路线 ………………………… （ 10 ）

  1.6 主要创新点 …………………………………… （ 12 ）

2 相关概念和基础理论 …………………………………… （ 15 ）

  2.1 相关概念 ……………………………………… （ 15 ）

  2.2 基础理论 ……………………………………… （ 18 ）

3 文献综述 ………………………………………………… （ 28 ）

  3.1 高管声誉的相关研究 ………………………… （ 28 ）

  3.2 并购行为相关研究 …………………………… （ 36 ）

  3.3 高管声誉对企业并购影响的相关研究 ……… （ 44 ）

  3.4 本章小结 ……………………………………… （ 46 ）

4 高管声誉影响企业并购的机理分析 ………………… （ 48 ）

  4.1 高管声誉影响企业并购的逻辑分析 ………… （ 48 ）

  4.2 各调节因素对高管声誉与企业并购关系的影响机制 ……… （ 54 ）

  4.3 高管声誉影响企业并购的逻辑框架 ………… （ 62 ）

5 高管声誉对并购决策影响的实证分析 ……………… （ 63 ）

  5.1 理论分析与研究假设 ………………………… （ 63 ）

　　5.2　研究设计 ···（68）

　　5.3　实证结果 ···（75）

　　5.4　进一步分析：高管声誉影响并购决策的作用机制 ··········（81）

　　5.5　稳健性和内生性检验 ·····································（83）

　　5.6　本章小结 ···（85）

6　高管声誉对并购溢价影响的实证分析 ·····························（87）

　　6.1　理论分析与研究假设 ·····································（87）

　　6.2　研究设计 ···（91）

　　6.3　实证结果 ···（95）

　　6.4　进一步分析：高管声誉影响并购溢价的作用路径 ··········（101）

　　6.5　稳健性和内生性检验 ·····································（104）

　　6.6　本章小结 ···（108）

7　高管声誉对并购绩效影响的实证分析 ·····························（109）

　　7.1　理论分析与研究假设 ·····································（109）

　　7.2　研究设计 ···（113）

　　7.3　实证结果 ···（119）

　　7.4　稳健性和内生性检验 ·····································（130）

　　7.5　本章小结 ···（134）

8　研究结论与政策建议、未来研究方向 ·····························（135）

　　8.1　结论 ···（135）

　　8.2　政策建议 ···（136）

　　8.3　研究局限与展望 ···（139）

参考文献 ···（142）

| 1 |

绪　　论

1.1　选题背景和问题提出

1.1.1　选题背景

近年来，并购现象越来越频繁，也愈发受到人们的关注。据《2019 年全球并购展望》报告显示，2018 年，并购市场依然火热，全球并购规模达 4.1 万亿美元，为有史以来第三高。2019 年清科研究中心发布并购研报称，自 2014 年以来，中国并购市场实现快速发展，2017 年中国并购市场交易规模超 1.89 万亿元，成为继美国之后的全球第二大并购投资地区。与此同时，随着全球化浪潮的不断推进以及"一带一路"等倡议的提出，中国企业海外并购市场也呈持续上涨趋势。企业之所以如此热衷于并购，是因为并购能够帮助企业快速实现规模扩张和提升市场份额，与原有业务形成协同效应从而降低生产和运营成本，形成自己的行业竞争优势，同时并购还可以帮助企业实现业务多元化发展，从而分散风险。正如诺贝尔经济学奖得主斯蒂格勒（Sti-gler）所言，世界上没有哪一家大公司是完全依靠内部积累发展起来，都是通过并购和兼并实现增长的。因此，并购已经成为企业发展过程中重要的战略决策，但企业并购活动也存在着很多问题，如高额的并购溢价、关联交易导致中小股东利益受损以及并购之后业绩下滑等。

并购是一项风险巨大的投资活动，往往伴随着巨额的现金支出以及剧烈的业务调整，因此并购有时会给企业财务安全带来巨大风险，严重时甚至会导致企业破产。随着上市公司并购行为越发频繁，学者们开始研究企业管理者为何会频繁发起并购，并对此问题进行了长期的研究和讨论。最初，学者们从经济学视角对并购行为进行了分析，认为并购能够帮助企业实现业务以及财务上的协同效应，从而降低生产成本、提高市场份额以及提高市场竞争力等，因此早期的研究认为管理者发起并购是为了实现企业价值的最大化。但对着研究的深入，学者们渐渐发现，在企业所有权和经营权分离的情形下，管理者出于构建企业帝国、提高薪资待遇等目的，可能会发起并非以企业价值和股东利益最大化为目的的并购。詹森和麦克林（Jensen and Meckling，1976）认为，随着公司所有权和经营权的分离，由于信息不对称的存在，股东往往很难对经营者进行有效的监督，从而出现代理问题。有效的激励约束机制能够对管理者私利行为进行有效的抑制，进而缓解代理问题。如上所述，在两权分离的背景下，管理者发起的并购可能并非以企业价值和股东利益最大化为目的，而是为了实现个人私利。因此学者们开始研究哪些激励约束机制能够有效抑制管理者私利行为，促使管理者做出有效的并购行为。以往研究发现，股权激励、货币薪酬激励以及晋升激励等对企业并购具有显著影响。有些学者认为，实行股权激励能够使管理者个人利益与股东利益趋于一致，促使管理者做出风险投资决策（Jensen and Meckling，1976）。埃德曼斯和加贝（Edmans and Gabaix，2011）研究发现风险厌恶的 CEO 会被授予更多的股权激励，从而促使他们做出高风险的并购决策。埃托雷·克罗奇和迪米特里斯·佩特梅萨斯（Ettore Croci and Dimitris Petmezas，2012）研究发现股权激励能够提高管理者的风险承担水平，权益薪酬占比高的管理者更有可能发起并购。我国学者姚晓林和刘淑莲（2015）以我国上市公司发起的并购事件为样本，研究发现上市公司股权激励强度越大，CEO 越容易发起并购，但这种正向影响仅限于非过度自信 CEO。还有学者研究发现，晋升激励同样能够对企业并购产生影响。陈浩和刘春林（2017）对晋升激励与并购支付决策进行了相关研究，发现晋升激励能够促进管理者在并购中更多地选择现金支付。赵妍和赵立彬（2018）研究发现，晋升考核机制容易诱发管理者的机会主义行为，基于政治晋升激励发起的并购容易导致企业价值受损。由此可以看出，学者们已经对高管激励机制与企业并购的关系进行了相关研究并取得了一定的成果。

1.1.2　提出问题

从以上分析可以看出，学者们对股权激励、晋升激励等激励机制与企

业并购的关系进行了较多的研究。近年来，随着社会媒体的快速发展以及
经理人市场不断完善，声誉逐渐成为衡量一个职业经理人能力和价值的重
要参考，名人高管也经常活跃于各大新闻媒体，受到人们的广泛关注。声
誉激励作为重要的隐性激励方式之一，开始受到越来越多学者的关注。高
管作为公司经营决策的重要制定者和执行者，高管声誉对于个人和企业的
行为决策有着重要影响。以往研究发现，CEO 声誉对企业绩效（Koh，
2014；Fetscherin，2015）、盈余管理（Francis et al.，2008；Malmendier and
Tate，2009）、高管报酬（Wade et al.，2006；Baixaulisoler et al.，2014）、
利益相关者行为（Ming and Lee，2011；Park et al.，2014）以及公司战略
决策（Cho et al.，2016）等均具有显著的影响，但高管声誉对企业并购影
响的研究还较为缺乏。高管声誉除了是一种重要的隐性激励机制之外，同
时还是高管职业生涯中一项重要的资产。随着声誉的积累，高管的社会地
位会逐渐提高，在社会网络中的位置也会越来越靠近中心位置，其资源获
取能力也会不断地提高。因此，高管声誉具有两种显著的效应：一是治理
效应，声誉本身能够激励和约束管理者为了职业生涯而努力工作，减少机
会主义行为；二是资源效应，声誉作为一项重要资产，能够给管理者带来
各种社会资源，且声誉水平越高，管理者获取社会资源的能力越强。那么，
作为企业并购的重要参与者，高管声誉对企业并购具有怎样的影响？具体
而言，拥有较高声誉的高管是否更容易发起并购？高管声誉与并购溢价的
关系是怎样的？高管声誉是否对并购绩效具有正向影响？如果上述关系存
在，那么高管声誉影响企业并购的作用机制是怎样的？高管声誉与企业并
购的关系受到哪些因素的影响？对这些问题的回答无疑具有重要的实践意
义和理论意义。

1.2　研究目的和研究意义

1.2.1　研究目的

聚焦于中国本土的制度背景和管理情景，本书以我国 A 股上市公司并购
事件为样本，对高管声誉与企业并购的关系进行研究，旨在丰富高管声誉理

论以及企业并购的相关研究。具体地说，本书选取了企业并购中并购决策、并购溢价以及并购绩效三个维度，并分别检验了高管声誉与三者的关系。为了探究高管声誉的作用机制，本书选取了相关变量，对高管声誉影响企业并购的相关作用路径进行了检验。为了探究哪些因素会影响高管声誉与企业并购的关系，本书还选取了职业生涯阶段、产权性质以及外部经理人市场等变量，检验了这些变量对高管声誉与企业并购关系的调节效应。本书的研究目标有以下几个方面。

（1）探究高管声誉对企业并购的影响。

如上所述，管理者做出并购决策有时候并非出于股东利益最大化目的，而是出于构建企业帝国、提高薪酬等私利动机，从而对企业价值和股东利益形成损害。并购是一项高风险的投资活动，并购过程需要投入大量的时间、精力以及资金，并购之后还可能面临业绩下滑的风险。很多时候，出于风险规避管理者往往不愿意承担高风险的投资活动。以往学者检验了股权激励、货币薪酬激励以及晋升激励等机制对企业并购决策的影响，但对高管声誉与企业并购决策的关系研究还较少。声誉作为一项重要的隐性激励机制，究竟能否激励高管勇于承担风险并做出并购决策？本书将基于委托代理理论及社会资本理论等相关理论，对高管声誉与企业并购决策的关系进行探讨。

在众多并购案例中，高并购溢价现象十分常见。高并购溢价主要受两个方面影响，一是由于代理问题的存在，管理者出于私利（为了获得更高的报酬或权力等）而急于促成并购，并对目标公司支付较高的并购溢价；二是由于信息不对称的存在，并购公司并不能完全知晓目标公司的内部信息，此时管理者如果不投入足够的努力对目标公司进行调查，那么在并购谈判中将处于不利地位，最终导致过高的并购溢价。那么，拥有较高声誉的高管是否会以股东利益最大化为原则，在并购过程中投入足够的精力和资源对目标公司进行调查，并努力降低并购溢价？与此同时，高管声誉能否帮助企业获取目标公司相关的真实信息，降低并购公司与目标公司之间的信息不对称程度，从而降低并购溢价？因此，本书将对高管声誉与并购溢价的关系进行探讨。

大量的研究证明，并购之后往往会带来业绩下滑，从而导致企业价值和股东利益受损。管理者在并购过程中面临着众多的决策，并购目标的选取、并购时机、并购支付方式、并购溢价等众多决策都会对最终的并购绩效产生影响。那么，拥有较高声誉的高管能否在并购过程中做到以股东利益最大化为原则进行相关决策？高管声誉与并购绩效的关系如何？高管声誉如何影响短期并购绩效与长期并购绩效？本书将对这些问题进行分析和检验。

（2）剖析不同管理情景下高管声誉对企业并购的影响。

高管声誉与企业并购的关系必然受到不同情景因素的影响。本书将选取职业生涯阶段、并购企业产权性质和外部经理人市场等因素作为调节变量，检验不同情景因素对高管声誉与企业并购关系的调节作用，最大程度地完善和丰富高管声誉与企业并购关系研究。首先，选取职业生涯阶段作为调节变量进行分析，高管处在不同的职业生涯阶段时，其职业生涯关注程度以及获取资源的能力具有显著差异，因此本书检验了职业生涯阶段对高管声誉与企业并购关系的影响；其次，选取了并购企业产权性质作为调节变量进行分析，国有企业在高管任免、投资决策等方面都受到一定程度的行政干预，产权性质会影响声誉机制作用发挥，因此本书将探究产权性质对高管声誉与企业并购关系的影响。最后，选取了外部经理人市场作为调节变量进行分析，当外部经理人市场较成熟时，声誉机制能够更有效地对管理者形成约束，因此本书将检验外部经理人市场对高管声誉与企业并购关系的影响。需要说明的是，本书所选取的调节变量均对声誉机制的发挥以及企业并购具有重要的影响，从而保证了研究逻辑的一致性。

（3）探究高管声誉影响企业并购的作用路径。

如上所述，高管声誉具有治理效应和资源效应，本书选取了替代变量对相关路径进行了检验。具体地说，融资约束是企业投资决策的重要影响因素，特别是对于并购决策来讲，往往需要大量的资金支持，融资约束的存在将对并购决策形成阻碍。拥有较高声誉的高管往往具有较强的资源获取能力，更容易获得投资者的信赖和支持。那么高管声誉是否能够通过降低企业面临的融资约束从而促进并购决策？本书将对这一作用路径进行检验。此外，对于并购溢价来讲，信息不对称是影响并购溢价的重要因素，拥有较高声誉的高管往往具有丰富的社会网络关系以及较强的信息获取能力。那么高管声誉能否通过降低并购过程中的信息不对称从而降低并购溢价？这将是本书检验的第二条作用路径。

1.2.2　研究意义

（1）理论意义。

第一，完善了企业并购影响因素的相关研究。国内外学者对影响企业并购的因素进行了大量的研究，其中包括薪酬激励、股权激励、晋升激励等机制与企业并购的关系研究。声誉作为重要的隐性激励方式和个人资产，目前还缺乏对高管声誉与企业并购关系全面系统的研究。本书立足于委托代理理论、社会资本理论等相关理论，从并购决策、并购溢价以及并购绩效三个维度检验了高管声誉对企业并购的影响，丰富了企业并购影响因素的相关研究。

第二，丰富了高管声誉作用机制的相关理论研究。国内外学者对高管声誉效应及其带来的影响进行了大量的研究，但现有文献对高管声誉的作用机制进行分析时过多地关注了声誉的治理效应，而对于声誉的资源效应关注不足。本书立足于企业并购视角，理论分析并实证检验了高管声誉的作用机制。具体地说，本书检验了高管声誉是否通过降低融资约束来促进企业并购决策，以及高管声誉是否通过降低信息不对称来抑制并购溢价。本书研究结果丰富了高管声誉作用机制的相关理论研究。

第三，丰富了高管声誉以及企业并购的本土化研究结果。聚焦于中国本土的管理情景和社会文化特点，本书构建了高管声誉综合评价体系，丰富了高管声誉评价方法的相关研究。与此同时，本书检验了不同情景因素对高管声誉与企业并购关系的影响。由于所处职业生涯阶段不同，高管的职业生涯关注以及管理经验等存在较大差异，因此本书探究了职业生涯阶段对高管声誉与企业并购关系的影响；由于国有企业的高管任命、投资决策等受到行政干预，因此本书检验了产权性质对高管声誉与企业并购关系的影响；外部经理人市场成熟度对声誉机制的作用发挥具有重要影响，因此本书探讨了外部经理人市场对高管声誉与企业并购关系的调节作用。

（2）现实意义。

第一，随着经济全球化浪潮的推进以及我国资本市场的逐渐成熟，中国并购市场交易规模正呈现持续增长的态势。随着并购事件的增多，并购中存在的各种问题也逐渐显现，这些问题无论对于企业自身发展还是对于我国资本市场健康发展，都会产生不利影响。在这样的背景下，研究影响企业并购的因素具有重要的实践意义。第二，对于企业来讲，所有权和经营权分离制度下的委托代理关系带来了一系列问题，管理者为了自身利益往往会做出损害企业价值和股东利益的行为，这就需要通过合理的激励约束机制来缓解委托代理问题，抑制管理者在企业并购中的私利行为。本书研究结果证明：声誉能够有效降低经理人的风险规避倾向，同时帮助企业缓解融资约束，从而促使管理者做出并购决策；拥有较高声誉的高管在并购过程中会更加努力，同时利用自身的社会网络资源获取目标企业相关信息，降低信息不对称程度，从而降低并购溢价；拥有较高声誉的高管在整个并购过程中会以股东价值最大化为目标进行决策，因此能够提高并购绩效；立足于我国社会发展以及管理实践的具体情境，研究发现产权性质以及外部经理人市场等因素会对高管声誉与企业并购的关系产生影响。本书研究结果为完善我国公司治理机制以及提高并购活动的有效性提供了有效借鉴。本书从建立声誉考评和激励机制、推动外部经理人市场建设、完善国有企业选聘机制和激励机制以及利用声誉提高并购有效性等方面提出了相关的政策建议。

1.3　研究思路和研究方法

1.3.1　研究思路

根据上述研究目标，本书的具体研究思路如下：

第一，基础研究。立足于研究目标和主体内容，本书对相关概念以及涉及的基础理论系统地进行了阐述和分析，对高管声誉以及企业并购相关的文献进行了回顾和评述，为后续的理论推导和实证分析做好铺垫和准备。

第二，机理分析。基于相关文献和理论，本书立足于声誉的治理效应和资源效应，对高管声誉影响企业并购的机理进行了分析，同时对不同情景因素对高管声誉与企业并购关系的影响机理进行了分析，最后搭建了全文变量间的逻辑框架。

第三，高管声誉对企业并购的影响研究。首先，在理论和文献回顾基础上，本书进行了理论推导并提出相应假设，检验高管声誉对企业并购的影响。本书从并购决策、并购溢价和并购绩效三个维度研究高管声誉对企业并购的影响。其次，本书在研究高管声誉对并购决策的影响时进一步检验了高管声誉的作用路径，即检验了高管声誉是否通过降低企业面临的融资约束来提升企业并购决策；在研究高管声誉与并购溢价关系时，检验了高管声誉是否通过降低信息不对称来抑制并购溢价。最后，本书对权变情境下高管声誉与企业并购的关系进行了研究。本书检验了职业生涯阶段、产权性质以及外部经理人市场等因素对高管声誉与企业并购关系的调节作用。

第四，研究结论、政策建议和未来研究方向。在完成理论分析和所有实证检验后，本书对所有研究结果进行总结，并根据研究结果提出相应的政策建议，同时提出了未来可能的研究方向。

1.3.2　研究方法

为了完成上述研究内容和研究目标，本书采用了多种研究方法相结合的方式进行研究，具体研究方法如下。

（1）文献归纳法。

立足于本书研究内容，本书对与高管声誉、企业并购等相关的国内外文献进行了系统的梳理和总结归纳，对本书研究所涉及的委托代理理论、社会资本理论、高管激励理论等相关理论进行详细地阐述和分析，以便更加严谨和科学地探讨高管声誉与企业并购之间的关系，为后续理论推导和实证研究做好准备。

（2）理论推导和数理模型构建。

本书基于相关理论和已有研究成果对高管声誉与企业并购的关系进行推导，对高管声誉影响企业并购的作用路径进行分析和推导，对不同情境变量如何影响高管声誉与企业并购的关系进行了推导。在上述理论推导基础上，本书在研究设计部分构建相应的数理模型，并以此为依据进行实证检验和分析。

（3）实证研究。

为了证实研究假设，本书采用了实证研究方法，涉及到描述性统计分析、Pearson 相关性检验、回归分析、稳健性检验等多种分析方法和步骤，并采用 Stata 统计软件进行分析和结果输出。为了探究不同情境下高管声誉对企业并购的影响差异，本书采用调节效应检验方法进行检验。

1.4　研究问题和研究内容

本书结合委托代理理论、社会资本理论等相关理论，对高管声誉影响企业并购的作用机理进行了分析，构建了高管声誉影响企业并购的逻辑框架，并以我国 A 上市公司 2009～2016 年的并购事件为样本，理论分析并实证检验了高管声誉与企业并购的关系。本书研究旨在回答以下几个问题。

（1）高管声誉与企业并购决策的关系是怎样的？两者的关系受到哪些因素的影响？高管声誉影响并购决策的作用路径是怎样的？

（2）高管声誉是否影响了并购溢价？两者的关系受到哪些因素的影响？高管声誉通过哪些路径影响了并购溢价？

（3）高管声誉如何影响并购绩效？职业生涯阶段、产权性质以及外部经理人市场等因素对两者关系的调节效应是怎样的？

围绕上面三个问题，本书由以下三个子研究构成。

研究一：高管声誉对并购决策影响的实证研究。

该研究主要检验了高管声誉如何影响并购决策、不同情景因素对两者关系的调节作用以及作用路径。首先，该研究检验了高管声誉与并购决策的关系；其次，该研究检验了职业生涯阶段、产权性质对高管声誉与并购决策关系的调节作用；最后，该研究立足于融资约束的视角，检验了高管声誉影响并购决策的作用机制。研究一拓展了高管声誉、并购决策、企业风险承担等相关研究。

研究二：高管声誉对并购溢价影响的实证研究。

该研究主要检验了高管声誉如何影响并购溢价，两者关系的调节因素以及作用路径。首先，该研究检验了高管声誉与并购溢价的关系；其次，该研究检验了职业生涯阶段和产权性质对高管声誉与并购溢价关系的调节作用；最后，该研究立足于信息不对称的视角，检验了高管声誉影响并购溢价的作用机制。研究二拓展了高管声誉、并购溢价、信息不对称等相关研究。

研究三：高管声誉对并购绩效影响的实证研究。

该研究主要检验了高管声誉如何影响并购绩效以及不同情景因素对两者关系的调节作用。首先，该研究检验了高管声誉与并购绩效的关系；其次，该研究检验了职业生涯阶段、产权性质以及外部经理人市场对高管声誉与并购绩效关系的调节作用。研究三拓展了高管声誉、并购绩效等相关研究。

1.5   结构安排和技术路线

1.5.1   结构安排

根据本书的研究思路和研究目标，本书共分为8章，具体安排如下。

第1章：绪论。该章主要从社会宏观层面以及公司治理层面对研究的选题背景进行了阐述，并在选题背景基础上提出本书所要研究的问题，同时阐述了本书的研究目的和研究意义。进一步的，本书阐述了为了完成研究目标所遵循的研究思路、所用的研究方法、研究模型以及技术路线等，并对本书的研究创新之处进行了说明。

第2章：相关概念和基础理论。该章主要对高管、高管声誉、并购等相关概念进行了解释；对研究内容所涉及的相关理论进行了阐述和分析，主要包括委托代理理论、社会资本理论、高管激励理论、声誉理论等。

第3章：文献综述。该章对与高管声誉、企业并购等相关的文献进行了系统的梳理和回顾，主要从测度方法、影响因素、后果以及与公司治理的关系等方面进行文献归纳总结，并进行了文献评述。

第4章：高管声誉影响企业并购的机理分析。该章在前几章分析基础上，对高管声誉影响企业并购的逻辑以及不同调节因素影响高管声誉与企业并购关系的逻辑进行分析，为下文实证检验和分析做好铺垫。

第5章：高管声誉对并购决策影响的实证分析。该章对高管声誉与并购决策的关系进行了理论分析和实证研究。首先，本书基于高管声誉的治理效应和资源效应，对高管声誉与并购决策的关系以及不同情景因素对两者关系的影响进行了理论分析并提出了相应的假设；其次，本书利用样本数据对假设进行了实证检验；最后，本书分析了高管声誉影响并购决策的作用路径，检验了当企业面临不同的融资约束时，高管声誉对并购决策的影响是否具有差异性。

第6章：高管声誉对并购溢价影响的实证分析。该章首先对高管声誉与并购溢价的关系以及不同情景因素对两者关系的影响进行了理论分析和实证检验；进一步地，本书检验了高管声誉影响并购溢价的作用路径，以市场化进程作为信息不对称程度的替代变量，检验了在不同的信息不对称程度下，高管声誉对并购溢价的影响。

第7章：高管声誉对并购绩效影响的实证分析。该章首先对高管声誉与并购绩效的关系以及不同情景因素对两者关系的影响进行了理论分析和实证检验。本书将并购绩效分为了短期并购绩效与长期并购绩效两个维度，分别检验高管声誉对并购绩效的影响。

第8章：研究结论与政策建议、未来研究方向。该章总结了全书的相关研究结论，并在此基础上，结合我国具体的企业管理现状，提出了建立高管声誉机制、推动外部经理人市场建设以及完善国有企业经理人选聘机制等政策建议，为完善我国公司治理机制以及提升企业并购有效性提高借鉴和参考。进一步地，本书还提出了本书的研究不足以及未来可能的研究方向。

1.5.2　技术路线

根据上述研究思路和研究目标，本书研究技术路线如图1-1所示。第一层次为提出问题和研究意义，包含第1章；第二层次为理论基础研究、文献综述，包含第2章和第3章；第三层次为机理分析，包含第4章；第四层次为实证研究，包含第5章、第6章和第7章；第五层次为研究结论和政策建议，包含第8章。

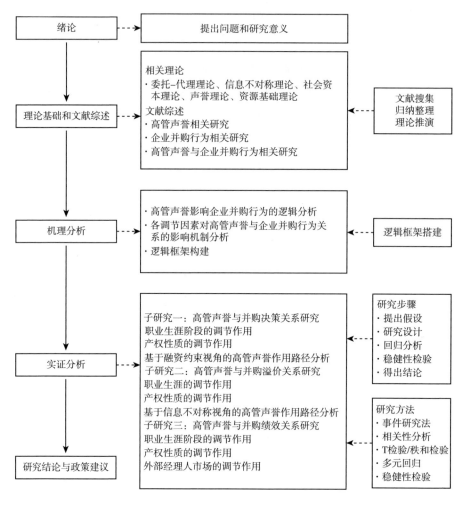

图 1-1　本书研究技术路线

1.6　主要创新点

本书的主要创新点如下。

创新点一：系统地研究了高管声誉与企业并购的关系，拓展了高管声誉以及企业并购的相关研究。

第一，丰富了高管声誉与企业并购的关系研究。从高管声誉与企业并购的关系研究情况来看，目前研究成果还较少，主要是涉及管理者声誉对并购绩效（于佳禾和陈海声，2014；刘文楷，2019）、并购溢价（Cho et al.，2016）等方面的影响，但大多是对企业并购（并购决策、并购溢价以及并购绩效）单一维度的研究，且对影响高管声誉与企业并购关系的因素以及高管声誉的作用机制都缺乏深入的研究和探讨。本书从并购决策、并购溢价以及并购绩效三个维度全面、细致地研究了高管声誉对企业并购的影响，同时检验了高管声誉影响企业并购的作用机制以及不同情景因素对两者关系的影响，丰富了高管声誉与企业并购关系的研究成果。

第二，丰富了高管声誉与公司战略决策的相关研究。以往对高管声誉的研究大多集中高管声誉在对企业绩效（Koh，2014；Fetscherin，2015）、盈余管理（Francis et al.，2008；Malmendier and Tate，2009）、高管报酬（Wade et al.，2006；Baixaulisoler et al.，2014）、利益相关者行为（Ming and Lee，2011；Park et al.，2014）以及公司战略决策（Cho et al.，2016）等方面的影响上，但作为公司重要的战略决策——并购，以往研究还未系统地分析高管声誉对企业并购的影响。本书从并购决策、并购溢价以及并购绩效三个维度出发，理论分析并实证研究了高管声誉能否提高企业并购决策、降低并购溢价以及提高并购绩效，拓展了高管声誉研究的研究边界。

第三，丰富了企业并购影响因素的相关研究。学者们对影响企业并购的因素进行了大量的研究，其中委托代理关系下高管的控制权私利是影响管理者并购行为的重要原因。对于何种激励约束机制能够有效促使高管做出以股东利益最大化为目标的并购行为，以往学者主要从薪酬激励（Chintrakarn et al.，2015；Kini and Williams，2012）、股权激励（Low，2009；Chen and Steiner，2010；Jiraporn et al.，2015；Coles et al.，2006；Dong et al.，2010；Hayes et al.，2012）等方面进行了相关研究，而声誉作为高管职业生涯过程中重要的隐性激励方式和社会资本，以往研究对高管声誉与企业并购的关系还缺乏系统全面的研究。本书立足于高管的治理效应和资源效应，检验了高管声誉对企业并购（并购决策、并购溢价以及并购绩效）的影响，丰富了企业并购影响因素的相关研究。

创新点二：从高管声誉的治理效应和资源效应视角分析了高管声誉影响企业并购的作用机理，丰富了高管声誉作用机制的理论研究。以往对高管声誉作用机制的研究大多基于委托代理理论关注了高管声誉的治理效应，而对高管声誉的资源效应关注不足。声誉作为高管一项重要的社会资本，不仅能够对高管形成有效激励和约束，同时也能为高管带来丰富的社会资源，这些资源会对高管决策产生重要影响。因此，对高管声誉与企业并购关系的研究应该同时考虑治理效应和资源效应。本书基于委托代理理论，结合资源依赖理论、社会资本理论等，从治理效应和资源效应视角对高管声誉影响企业并购的作用机制进行了分析，并选取变量对相关作用路径进行了检验，进一步丰富了高管声誉理论的相关研究。

创新点三：基于我国管理情景和社会文化特征，构建了高管声誉综合评价体系，并检验了不同因素对高管声誉与企业并购关系的调节作用。国内学者对高管声誉的研究起步较晚，在对声誉的测度上也多以借鉴国外学者的研究方法为主。本书在借鉴国外学者成熟的研究方法基础上，结合我国本土学者对声誉的测度方法，构建了高管声誉的综合评价指标体系，丰富了高管声誉测度方法的相关研究。同时，高管声誉机制的发挥会受到不同因素的影响，立足于我国的制度特征，本书还检验了职业生涯阶段、产权性质以及外部经理人市场等因素对高管声誉与企业并购关系的影响，进一步丰富了高管声誉的相关研究。

创新点四：提出完善我国公司治理机制以及提升并购有效性的政策性建议。结合本书的理论分析和实证研究结果，本书创造性地提出建立高管声誉机制、推动经理人市场建设以及完善国有企业经理人选聘机制等政策建议，为规范中国并购市场、完善公司治理机制以及推动职业经理人市场发展提供参考和借鉴。

相关概念和基础理论

2.1 相关概念

2.1.1 高管

高管是高级管理者的简称，其能够影响或控制企业的经营决策以及重大战略决策，在企业的经营管理中起到核心作用。国内外学者对高管的内涵没有统一的认识，国外一般将高管界定为 CEO 或者 CEO 为核心的管理团队，主要成员是公司执行层面的高级管理人员（Hambrick and Mason，1984），如 CEO、CFO、CTO、COO 等。国内学者在做研究时对高管的界定比较宽泛，一些学者将董事会、监事会以及高级管理层成员都纳入到高管范畴（陈冬华等，2005；唐清泉等，2008；姜付秀等，2009），还有一些学者对高管范围的界定与国外类似，仅将 CEO 为核心的高级（高层）管理团队成员纳入高管范畴，而不包含董事会、监事会成员（刘凤委等，2007；李胜楠和牛建波，2014）。还有少量的研究，仅将 CEO 个人作为高管（吴文锋等，2008；赵息和张西栓，2013）。

由于我国职业经理人市场的逐渐完善，同时参考国内外相关研究，本书将高管界定为以 CEO 为核心的高级管理团队。与此同时，考虑到 CEO 在整个高管团队中的核心作用，后文在对高管声誉与企业并购关系进行研究时，以 CEO 为主要研究对象。20 世纪 60 年代，首席执行官（Chief Executive Officer，CEO）的称谓首次出现在美国。作为公司中对管理和经营进行负责的最高行政管理人员，CEO 又被称作总经理或者行政总裁。结合我国上市公司的实际现状以及本书的研究内容，本书研究所界定的 CEO 包含总经理、总裁及首席执行官。本书之所以选择 CEO 而非董事长和其他高管作为研究对象，是因为 CEO 是企业并购决策的重要制定者和执行者，对于企业并购具有重要的影响。因此，本书对 CEO 的声誉进行了测度，并对 CEO 声誉与企业并购的关系进行了研究。

2.1.2　高管声誉

声誉的内涵主要是指公众对某人或者某物的总体评价。在牛津字典中，声誉的定义为："公众对某些人的品质或者性格等特质总体的评价，且该评价主要是基于和同类人相比较之下相对的结果。"尽管以往学者对声誉的内涵和定义进行了大量的研究，但是仍然存在着较大的意见分歧。有些学者认为声誉是不容易被观测的，它仅仅是公众对于质量信号的一种印象或者认知（Fombrun and Shanley，1990；Fombrun and Van，1997）。赫比格等（Herbig et al.，2004）研究认为声誉反映了个体的特征，是对其以往行为的一种反映。此外，基于博弈论相关理论，学者们对声誉进行了大量的研究，其中以 KMRW 创立的标准声誉模型以及霍姆斯特伦（Holmstrom）建立的代理人市场声誉模型较为具有代表性，以上研究模型认为声誉是在长期的动态博弈过程中建立的一种机制。

对于高管声誉的内涵和定义，学者们从不同角度进行了界定。米尔伯恩等（Milbourn et al.，2003）认为，高管声誉代表着高管能力在市场上得到的评价。费切林等（Fetscherin et al.，2015）提出，高管声誉和公司声誉是相互交织的概念，并通过跨学科研究，构建了高管声誉 4Ps 组合，包含个性（personality）、业绩（performance）、形象（persona）以及威望（prestige）四个方面，进而研究它们是如何相互或单独的影响公司的绩效和声誉的。我国学者张维迎（2005）认为，高管声誉是市场对高管个人的行为和能力等的综合反映。为了保证未来能够获得更多的职业发展机会以及更高的报酬，高管会更加关注自己的声誉。冀县卿（2007）认为，声誉对于高管来讲是一种无形资产，在经理层激励契约不完备的情况下，能够有效减少高管的投机行为，降低交易费用。

综上所述，高管声誉是在高管长期工作中逐渐积累形成的，代表着公众对高管个人能力、品质等特征的认知和评价，并能够对高管起到一定的激励和约束作用。

2.1.3　企业并购

并购的内涵十分广泛，主要包含兼并（merger）和收购（acquisition），一般两者合称为并购（merger&acquisition，M&A）。

（1）兼并。

"兼并"在《大不列颠百科全书》里的定义是"相互独立的两家或多家企业中，占有优势的一方，吸收合并另一方或多方企业的行为"。1989年由国家体改委、国家计委、财政部、国家国有资产管理局颁布的《关于企业兼并的暂行办法》①中对"兼并"的定义为："一个企业购买其他企业的产权，使其他企业失去法人资格或改变法人实体的一种行为。"1992年由国家国有资产管理局颁布的《国有资产评估管理办法施行细则》中提出，"企业兼并是一个企业以承担债务、购买、股份化和控股等形式有偿接收其他企业的产权，使被兼并方丧失法人资格或改变法人实体"。除了兼并的定义，在《中华人民共和国公司法》（以下简称《公司法》）中还存在"合并"的概念，但却没有明确的含义解释。《公司法》指出，合并有新设合并和吸收合并两种类型。所谓新设合并是指两个或多个公司通过合并设立一个新公司，合并之后各方解散。

（2）收购。

《大不列颠百科全书》中对"收购"的定义为："从表面上看收购方是为了获取目标方的股权或资产，但实质上是为了获得目标公司的控制权，形式上包括资产收购和股权收购。"2006年中国证监会颁布的《上市公司收购管理办法》中提到，"上市公司收购是指投资者通过股份转让活动或股份控制关系获得对一个上市公司实际控制权的行为"。上市公司收购可以分为协议收购、要约收购以及证券交易所集中竞价交易等多种形式。按照收购方所获得的目标企业的股份比例，收购可以分为三种情况：一是参股收购，此时收购方仅取得了目标方的一部分股权；二是控股收购，收购企业取得目标企业51%以上的股权；三是全面收购，即收购方取得目标企业所有股份，目标企业成为收购企业的全资子公司。

---

① 《关于企业兼并的暂行办法》已于2018年2月6日废止。

2.2　基础理论

2.2.1　契约理论

在契约理论提出之前，新古典企业理论将企业内部作为一个"黑箱"，主要通过技术方法对其进行分析，并将企业仅仅视为追求利润最大化的生产单位。在这一过程中，该理论并没有严格对企业的边界进行界定，也没有关注企业内部的组织与激励问题，同时也没有对企业竞争优势的源泉进行探究。1937 年，科斯发表了著名的《企业的本质》，开创了契约理论研究的先河。科斯认为，在存在交易费用的条件下，企业的显著特征是价格机制的替代物，即一系列的短期契约被一个长期契约替代。在市场上利用价格机制来调节交易活动是存在成本的，而企业的产生可以有效减少交易费用。这是主要是由于，企业通过签订"一次性、长期的契约"代替市场交易各方"一系列、短期的产品契约"，那么签订每一个契约的部分费用就会被节省下来。实质上，科斯暗示性地指出了企业就是长期契约的集合，奠定了契约理论研究的基础。后续学者在科斯研究的基础上，契约理论开始逐渐向完全契约理论和不完全契约理论分化，并取得了丰富的研究成果。2016 年的诺贝尔经济学奖分别授予了本特·霍姆斯特罗姆（Bengt Holmstrom）以及奥利弗·哈特（Oliver Hart），以此来表彰两人分别对契约理论中的"完全契约理论"和"不完全契约理论"的构建和发展所做出的杰出贡献。

"完全契约理论"是在委托代理框架下对契约双方的行为和后果进行分析，其主要目标是解决委托人和代理人信息不对称情形下的道德风险问题。完全契约理论认为：企业与市场并没有本质的区别，都是一种契约则；委托人和代理人能够预料到未来所有的或然状况，并能通过制定最优的收入转移机制以及风险分担机制来实现约束条件下的次优效率。完全契约理论存在几个关键假设：一是契约当事人是完全理性的，并且能够预测到未来的各种重要事件的发生；二是委托人和代理人之间存在着信息不对称，且代理人拥有自己行动的私人信息；三是契约的关键变量是可以证实的。因此，在上述假设下，为了抑制代理人的道德风险问题，委托人会通过激励机制和监督机制来对代理人的机会主义行为进行约束来降低企业的非效率损失。

从狭义上来讲，"不完全契约理论"通常是指企业的产权理论，其主要目的是通过产权安排来解决敲竹杠问题。不完全契约理论提出，由于未来具有不确定性，同时个体也并非完全理性的，因此在契约签订时当事人无法在契约中对未来所有可能发生的情况加以约定，因此所签订的契约是不完全的，这也是"交易费用"所产生的原因（Grossman and Hart，1986；Hart and Moore，1990）。在上述情形下，一旦当事人在事前做出了专用性投资，那么在事后就可能会被对方"敲竹杠"。因此，不完全契约理论认为，通过在事前对产权进行安排，就可以有效减少"敲竹杠"带来的成本，进而实现次优效率。当合同中未明确约定的事件发生时，谁来进行事后监督和行使相应的权力就成为不完全契约理论关注的焦点，格罗斯曼和哈特（Grossman and Hart，1986）将契约中可以事前规定的权利定义为特定权利，这一部分属于完全契约；将事前不可证实或者无法规定的权利定义为剩余控制权或者剩余权利，即在契约不完全时的机动处置权。

不完全契约理论认为，谁获得相应资产的剩余控制权，谁就拥有了相应的企业剩余所有权，这里所说的资产仅仅是指物质资产，因此如果拥有了物质资产的控制权那么也将会拥有对企业非物质资产的控制权，因此格罗斯曼和哈特将企业定义为"由物质资产控制权所有者所控制或者拥有的全部的资产集合体"。但有学者认为，在"知识经济"时代专利技术、人力资本等非物质资产的重要性开始显现，物质资本主义至上且以新制度经济学为基础的传统企业理论开始面临新的考验（Kaplan and Zingales，1997；Holmstrouml and Roberts，1998）。我国学者张维迎（1995）认为，过于强调对财产的控制而忽略了对行为的支配可能会有失偏颇。尽管如此，由于"不完全契约理论"对科斯（Coase，1937）创立的交易费用理论进行了继承和发展并提出了一个规范且正式的分析模型，因此该理论为现代企业理论的确立和发展打好了坚实基础。

2.2.2 委托代理理论

委托代理关系是指当一方雇佣另一方时，双方当事人制定相应的契约，被雇佣方需要按照契约规定提供劳动，且雇佣者授予被雇佣者相应的权力，并按照被雇佣者提供的劳动质量和数量给予其相应的报酬，在这一劳动关系中，雇佣者是委托人，被雇佣者则为代理人，并因此形成委托代理关系。在企业的经营管理中，委托代理关系的产生是社会生产力不断发展、生产力水平不断提高背景下企业规模不断扩大、组织结构日益复杂且社会分工不断细化的结果。首先，由于社会和经济环境日益复杂和多样，现代企业需要有更高的权变能力来应对这种变化；其次，社会分工的细化需求以及生产力水平的不断发展促使企业的投资和经营活动更加高效和复杂；最后，规模不断扩大的企业开始向集团化发展甚至演变成跨国公司，这促使企业的组织结构变得更加复杂且更加具有延展性。在这样的情形下，企业所有者自身拥有的精力和能力可能不足以应对公司日渐复杂的经营管理需求，因此，为了实现自身利益最大化的目标，企业所有者需要寻找具有更专业的管理知识、更强的管理能力以及精力更加充沛的职业经理人作为代理人，并赋予代理人一定的经营决策权，同时要求代理人以委托人利益为出发点按照契约合同对企业进行经营管理，帮助委托人提高企业的经营绩效，从而实现自身价值最大化目标。在这样的情形下，随着委托代理关系的不断发展，企业的所有权和经营权开始逐渐分离，两权分离制度也成为现代企业制度中最典型的特征之一。两权分离问题较早受到伯乐和米尔斯（Berle and Means，1932）的关注，他们指出所有权与经营权分离会导致企业所有权开始逐渐分散到小股东手中，而由于委托代理关系的存在股东与经理人之间会产生矛盾与利益冲突，因此，所有权分散会弱化股东对经理人的监督，这是由于那些仅仅拥有小部分所有权的股东并不具备足够动机和激励来对代理人是否按照股东利益行事进行监督，这就导致了所谓的小股东"搭便车"行为的发生。这也导致经理人能够借机巩固自己的权利，成为企业内的实际控制人，并可能为了满足自身利益、从中获取超额报酬而做出损害企业和股东利益的经营决策，从而引发严重的委托代理问题。

20世纪六七十年代，经济学家试图打开传统的经济学理论中神秘的企业"黑箱"，他们从企业内部的结构特征入手，研究在利益冲突以及信息不对称情况下，委托人该如何解决激励问题，同时怎样与代理人有效地制定并执行契约（Ross，1973），进而创立了委托代理理论。委托代理理论研究框架由詹森和麦克林（Jensen and Meckling，1976）首次提出，他们提出企业中存在着一系列的契约关系，且如果在契约关系中双方都实现各自的效用最大化，那么要想代理人始终按照委托人以及企业的价值最大化来进行经营决策是不可能的。因此，委托人需要通过一定的激励契约合同来保证代理人提供劳动所能够获得的报酬，即为代理人提供代理成本。与此同时，委托人同样需要支付一定的监督成本来减少代理人的自利行为。委托代理理论要想成立需要满足两个基本假设：一是契约双方都是"理性经济人"，即委托代理双方都以自身利益最大化为目标，从而会产生一定的利益冲突；二是尽管契约双方都面临着一定的不确定性风险，但相比之下代理人知晓更多的委托人不知晓的经营决策以及资源配置方面的信息，即委托人和代理人之间存在着较大的信息不对称性。

在上述情形下，委托代理理论的中心任务是研究在委托人和代理人之间存在利益冲突和信息不对称的情况下，通过制定最优的激励契约来限制和约束代理人的机会主义行为，从而尽可能地保证委托人自身的利益。可以看出，如果委托人和代理人之间不存在利益冲突，那么即便代理人掌握着比委托人更多的信息，那么委托代理问题也很难发生；如果委托人和代理人之间信息绝对透明对称，那么委托人便可以通过制定最优的契约来找到合适的代理人，解决双方的利益冲突并促使代理人帮助委托人实现经营目标，进而委托代理问题得以解决。由此可见，契约双方在信息不对称的情况下会因为利益冲突的存在而发生较大的问题，比如代理人不努力工作、逆向选择问题等，从而给委托人造成较高的代理成本。所有权和经营权的分离是委托代理成本产生的主要原因：一方面，经营者付出了大量的个人努力和时间精力来提升企业的经营效率，且这些成本都是由代理者个人承担，但除了一部分契约中规定的报酬给予代理人外，代理人付出成本所创造的企业价值却全部归股东所有；另一方面，如果代理人不去积极努力地工作，那么经理人个人能力的闲置以及额外侵占的在职消费等都成为企业的成本支出，而经理人并不会对此承担任何代价。对于努力工作为企业创造最大化价值还是选择偷懒行为，作为理性经济人的企业经营者对后者的倾向会更大，因此上述两者的成本差异就是詹森和麦克林所提出的委托代理成本。

由以上分析可以看出，委托代理理论是研究企业经营过程中所有者和经营者之间利益冲突的重要理论基础。在本书的研究问题中，企业高管出于私利目的在企业并购活动中可能会做出损害企业价值和股东利益的行为，因此需要通过一定的公司治理机制来约束高管的私利行为，提高企业并购的有效性。本书对高管声誉是否能够有效降低所有者和管理者之间的利益冲突，促使管理者勇于做出并购决策、降低并购溢价以及提升并购绩效，进行了理论分析和实证检验。因此，委托代理理论为本书研究提供了坚实的理论基础。

2.2.3　社会资本理论

社会资本理论作为社会学领域的一种理论范式，逐渐开始应用到管理学、经济学等领域。1916 年，社区改革的倡导者利达·汉尼范在分析社区参与与社会纽带的重要性时，首次提出了"社会资本"的概念。他认为，社会资本并不像房产、现金的原有资产的含义，而是在人们生活中可感知并且十分重要的资源，社会资本是与物质资源有着同等价值的重要资源。1961 年，简·雅各布斯（Jane Jacobs）运用社会资本的概念来分析美国大城市的衰退与复兴，他认为邻里之间形成的社会网络是一个城市不可替代的社会资本，且当着这种社会资本慢慢消失时，它所带来的好处也将逐渐消失。皮埃尔·布迪厄（Pierre Bourdieu）第一次系统地对社会资本进行了阐释，1980 年他在《社会科学杂志》上明确提出了社会资本的概念：社会资本是潜在或实际的资源的集合，这些资源与拥有相互熟识和认可的、或多或少制度化的关系的持久网络相联系。1986 年，他进一步区分了资本的三种形式：经济资本、文化资本和社会资本。布迪厄还认为，社会资本除了具有资源型以及社会关系网络特性外，同时还具有高度生产性的特点，这意味着凭借社会资本，个体可以直接获得补助性贷款、保护性市场等经济资源。同时，它还可以通过与有知识的个体交流来提升自己的文化资本，或者与可授予有价值的信任状的机构形成联系。1988 年，科尔曼在其发表的《社会资本创造人力资源》一文中，提出社会资本的共同特征有两个：一是社会资本是由社会结构的各构成要素组成，二是社会资本能为结构内部的个体行动提供便利。与此同时，他还提出了社会资本的三个特性：一是社会资本的不可转让性，这有因为社会资本是一种社会关系；二是社会资本具有公共物品的性质，如规范、信任等；三是社会与其他资本（如人力资本和货币资本）具有同等的重要性，且这些资本都具有生产性的共同特征，正是由于生产性的特征，才使行动者的目标取得成为现实，否则目标将不会成功。因此，科尔曼是第一个将社会资本的概念从个人为中心（ego-centric）转到社会为中心（socio-centric）分析上去。

随着社会资本理论的发展，社会资本理论出现了两个分支，即以社会为中心和以个人为中心。以个人为中心的相关研究主要强调了个体如何在网络结构中进行资源投资和回报，代表学者包括亚历杭德罗·波提斯（Alejandro Portes）、麦克·格兰诺维特（Mark Granovetter）以及林南、边燕杰等。以社会为中心的研究主要强调了公民参与、社会信任、规范等因素与经济繁荣、社会发展的关联，主要代表学者包括罗伯特·普特南（Robert D. Putnam）、弗朗西斯·福山（Francis Fukuyama）等。普特南认为社会资本是化解集体困境的一种有效机制，密集的社会互动网络以及自愿型社团的约束性机制能够极减少"搭便车"现象，社会资本是建立信用社会和信任关系的必要基础。弗朗西斯·福山将"社会规范"加入到社会资本的分析中，认为"社会资本是有助于两个或多个个体之间相互合作的非正式规范"，是"社会中普遍信任产生的一种力量"。亚历杭德罗·波提斯（Alejandro Portes）从个人角度来定义社会资本，他认为社会资本是"通过个体具有的成员资格身份在宽泛的社会结构中获取稀缺资源的能力，而且这种能力并不是不变的，而是随着个体间关系的变动而变化，社会资本是嵌入的结果"。林南是以个人为中心社会资本理论倡导者的又一个典型代表。他在《社会资本——关于社会结构与行动理论》中对社会资本的定义为：社会资本作为在市场中期望得到回报的社会关系投资，可以定义为在目标活动中获取的，或被动员的、嵌入在社会结构中的资源。罗纳德·博特（Ronald Burt）认为，社会资本是网络结构给网络中的行动者提供资源和信息的控制程度，他称为"通过朋友、同时或更一般的熟人来获取人力资本和金融的机会"，即"结构洞的社会资本"。马克·格兰诺维特（Mark Granovetter）在《弱连接的力量》一文中对"弱关系"理论进行了阐述，这项理论的前提假设是：弱关系往往把个体与其他社会圈子联系到一起形成桥梁，且获取的信息是自身圈子里无法获取的，这些信息对个体是有用的。

从以上分析可以看出，以个体为中心的社会资本理论和以社会为中心的社会资本理论在关注点上存在着较大的区别。本书所研究的高管声誉，更加偏向于以林南等为代表的以个体为中心的社会资本，拥有较高声誉的管理者拥有更丰富的社会网络，且动用网络中资源的能力更强，因此，声誉作为管理者的一项重要社会资本，能够提高管理者获取信息、资金等资源的能力，从而影响到管理者的行为决策。

2.2.4 声誉理论

以往学者对声誉相关理论进行了大量的研究，主要分为标准声誉理论、声誉交易理论、声誉信息理论以及声誉激励理论等。

标准声誉理论。传统的博弈理论提出的"囚徒困境"模型提出，声誉不能够对参与方的经济行为进行影响，但是克雷普斯等（Kreps et al.，1982）在引入非对称信息因素后，创立了 KMRW 标准声誉模型，证实了声誉的存在，并证实创立了声誉的经济学理论相关分析。KMRW 模型讨论了在信息不对称情形下，不完全重复博弈个体之间是否合作的可信性问题。在重复博弈过程中，各方都追求各自最大化的长期收益，倘若交易中的一方做出损害另一方的行为，就暴露了自己的类型（声誉），并导致另一方实施以牙还牙的策略，从而导致自己面临失去与对方长期合作机会的境地。由上述分析性可知，倘若从长远利益考虑，博弈的各方会选择通过减少自己的机会主义行为来促使对方将其视为"高声誉"的类型，这样能够为其争取到长期的合作机会和收益。因此，克雷普斯等人认为声誉是博弈过程中一方对另一方的认识。克雷普斯（1982）提出，声誉的建立不需要通过与博弈的参与者直接联系的方式实现，如果甲方对乙方偏好特征和行为的推测能够通过乙方和其他第三方的交流互动来实现，那么就意味着声誉信号是可以通过市场体系进行传播的。克雷普斯的这种观点为声誉网络理论以及声誉信息理论的发展提供了理论基础。因此，克雷普斯等人开始从经济学角度对声誉进行研究，并通过博弈模型证明了声誉的市场体系中的重要性，但克雷普斯等人创立的标准声誉理论并没有对声誉为什么会产生以及其动态的发展趋势进行解释，他们只是从博弈参与双方的认知角度对声誉的内涵和概念进行诠释，但这并不能够全面解释声誉的内涵。詹森和麦克林（Jensen and Meckling，1994）提出，标准声誉模型中所提出的假设只是为了便于数学模型的简化，但却和人们现实生活中的实际行为有较大的差异。尽管如此，Kreps 等以及后来的追随者所建立的标准声誉模型为后来声誉在经济学领域的应用以及其他分支的声誉理论的发展均打好了坚实的基础。

声誉交易理论。声誉交易理论是对标准声誉理论的发展，克雷普斯（1990）研究提出，声誉可以作为企业长期发展的无形资本，塔德利斯（Tadelis，1999）通过逆向选择模型也证实了声誉可以作为资产的重要属性。作为个人或者企业的专用资产，声誉的可交易性也证明了声誉的动态变化。塔德利斯（1999）将企业划分为两种类型，并确立了"声誉建立效应"和"声誉维持效应"两大声誉效应。与塔德利斯（1999）的观点类似，马拉特和萨缪尔森（Mailath and Samuelson，1998）提出声誉的建立与维持需要进行持续的投资，这种特性与金融资产相类似。声誉能够减少企业代理人的机会主义行为和道德风险，降低因企业代理人不努力经营所带来的业绩下降的可能性。塔德利斯（2002）在其分析模型中纳入道德风险因素，认为鉴于声誉资产具有可交易性，较差企业可以通过拥有声誉较好的企业的产权来获得声誉所带来的经济利益，因此仅凭企业名称无法对企业的好坏进行判断。马拉特和萨缪尔森（2001）进一步深化其研究后发现，在产权交易市场中，好企业与差企业所运用的策略有所不同，好企业倾向于通过购买具有市场平均声誉水平的企业来加入市场竞争，并且通过较高的努力水平来将企业发展成为高声誉的企业；差企业倾向于购买高声誉水平企业，但由于为了维持高声誉需要付出的成本较大，因此与维持声誉策略相比，任由企业声誉资产价值下降的策略更为合理。肯尼斯和席夫（Kennes and Schiff，2007）提出，通过对交易双方采取虚假宣传策略获得短期收益与长期来看声誉受损所造成的损失进行对比，能够对声誉的价值进行有效的研究，在建立相关的理论分析模型后，他们得出了以下结论：首先，声誉可以提高高质量产品的市场价值，并降低顾客在搜寻产品信息时所花费的成本；其次，如果市场上厂商的数量较少，那么顾客会因为声誉的问题而遭受损失；最后，声誉可以培养顾客的忠诚度，并提高社会福利。哈肯斯和佩茨（Hakenes and Peitz，2006）建立相应的理论分析模型，假设顾客购买企业的产品和服务之后会发现企业所有者的类型，顾客可能会因此更换企业，他们发现在竞争性市场中每一次交易的企业产权交易信息公开的情形下，作为资产的声誉的可交易性并不会发生变化。声誉作为一项资产在经济活动中可以有效地降低成本，并起到身份识别以及信号传递的作用。因此，在经济人有效理性以及存在信息不对称的交易中，除了法律制度等，声誉能够成为有效降低契约实施成本的关键因素。声誉交易理论是新制度经济学框架下对声誉理论的突破，也对声誉标准理论进行了发展和补充。由于声誉的传播离不开经济活动中各主体的交流活动，因此声誉信息理论诞生。

声誉信息理论。学者们普遍认为，声誉可以解释为一方对另一方的一种综合评价。但声誉的评判具有主观性，因此声誉的传播可能会存在信息的失真和扭曲，这促使了后续学者对声誉信息理论的研究。基于信息经济学和博弈论，由于经济活动的不确定性，个体的行动是不可观察的，但倘若该个体维持其行为方式不变，其他经济主体就会对其行为形成稳定的预期。声誉信息理论提出，个体以往的行为会致使市场中其他主体对其行为形成预期，这个过程就是该个体声誉形成的过程。克雷普斯（1982）等学者较早发现声誉信息的广泛传播可以提高市场的运作效率，但学者们对声誉传播机制的研究一直到 20 世纪才开始。声誉信息在各个利益主体间的传播和交换，产生了声誉信息流、声誉信息系统以及声誉信息网络。声誉成为了信息的显示机制，并有效地降低了交易成本、限制了信息扭曲以及增加了交易的透明度。米尔格罗姆等（Milgrom et al.，1990）研究分析了香槟酒交易会中声誉信息流的作用，他们认为口口相传的声誉信息能够帮助交易者突破距离的限制，从而识别出哪些是可靠的交易伙伴，因此声誉的传播有效降低了信息不对称的问题。布罗姆利（Bromley，1993）认为，顾客能够通在于其他顾客的交流中识别企业的好坏。声誉的传播速度会受到地理距离和差异化程度的制约。科尔和基欧（Cole and Kehoe，1996）对声誉网络的"溢出效应"进行了研究，他提出声誉的传播会突破交易范围的界限并对范围外的个体产生作用。与此同时，相比于正面的口头交流，负面口头交流对声誉价值的影响更大。派尔（Pyle，2002）对五个处于转型期的经济体的制造业数据进行了收集，并对企业期间声誉信息流的传播途径和影响因素进行了研究。他将声誉信息流的传播渠道分为两种，一种是由正式的第三方组织来进行协调，另一种是由独立企业自发的产生。相比于法律制度，声誉信息流是一种成本较低的约束机制，可以明显地提高市场的效率。刘琴（Liu Qin，2009）在利用 KMRW 模型对产业集群竞争优势进行分析时发现，声誉能够有效地降低交易成本，并促进合作效率。国内学者对于声誉传播得较少，主要从社会网络的角度进行分析，相关的实证研究也较为缺乏。对于如何从微观层面剖析声誉信息流在市场中的传播方式以及影响传播有效性的因素等问题，尚有待进一步进行研究。

声誉激励理论。传统激励理论主要解释了如何减少委托代理关系中的逆向选择和道德风险问题。随着激励理论的不断延伸和发展，学者们开始在委托代理关系中引入博弈理论，并证实了声誉可以作为隐性激励机制对代理人进行有效激励。法玛（Fama，1980）提出，即便市场上没有显性的激励契合同，代理人也会努力工作，这是因为过去的经营绩效能够决定经济人的市场价值，经理人只有持续的努力工作才可以不断提高其在劳动力市场上的声誉，进而提高未来的报酬。KMRW 标准声誉理论认为，对于关注长期利益的个体，声誉能够其提供隐性的激励来确保其在短期内的承诺行动。霍尔姆斯特伦（Holmstrom，1999）运用模型对 Fama 的隐性激励观点进行了阐述，其通过严格的数理模型证实，经济学是基于理性经济人追求自身利益最大化的假设来对声誉机制进行分析的，声誉机制能够显著地激励和约束代理人的行为。当代理人的声誉受损时，其可能会面临被辞退的风险，而较高的声誉能给经理人在劳动力市场上带来更多的就业筹码。吉本斯和墨菲（Gibbons and Murphy，1992）研究发现通过制定明确的合同可以弥补经理人临近退休时对职业生涯缺乏关注的现象。尽管他们的理论结果得到了一些数据的支撑，但是在实际情况中薪酬合同的激励效果较弱，职业发展前景仍然是管理者激励的核心，因此对于年龄较大的管理者采用期权或者股票激励的方式更加合适。阿曼多（Armando，2000）提出即便企业中不存在保护小股东利益的机制，控股股东鉴于对维护声誉的考虑也不会过分地侵占小股东的利益。刘惠萍和张世英（2005）创立了关于声誉机制与管理者显性机制相结合的最优动态契约模型，且通过实例证实了模型的合理性。

| 3 |

文献综述

3.1 高管声誉的相关研究

3.1.1 高管声誉的影响因素

以往的研究表明，高管声誉的形成主要受到公司信息披露、利益相关者评价以及媒体报道等因素的影响。

（1）公司信息披露。

管理者能力以及品质等特征在其公司的经营管理中都能得以体现，因此公司披露的信息会对高管的声誉产生重要的影响，正面的信息披露会对高管声誉产生积极的影响，而负面信息披露则会对高管声誉产生负面影响甚至是毁灭性的打击。其中，企业的财务绩效、资本市场指标等在一定程度上反映了高管的能力和品质等信息，因此这些指标的披露对高管声誉具有重要的影响。约翰逊等（Johnson et al.，1993）利用证券分析师对经理人的年度评价作为高管声誉的测度指标，在对 36 个行业里的大约 900 位高管的样本数据进行分析后发现，高管声誉与公司财务指标显著正相关。卡普兰等（Kaplan et al.，2015）采用实验方法并选择 MBA 学生作为实验参与者进行研究后发现，CEO 的声誉的形成主要受公司披露的财务指标的影响。较好的财务绩效有利于高管声誉的形成，高管也会因此获得较高的声誉（Wade et al.，2006），但是如果公司出现绩效大幅下跌等负面消息，那么经理人市场会将原因归为管理层经营管理的失败（Graham et al.，2004）。

（2）利益相关者的评价。

利益相关者的评价会对企业声誉或高管声誉产生重要的影响，且高管声誉嵌入利益相关者构成的网络中。沃尔科（Walker，2010）提出，声誉是一种组织间的相对的概念，其不仅会受到自身努力的影响，还会受到外部评价者感知和评价的影响。例如，消费者在购买产品或者服务后，其满意度会影响到顾客对公司以及高管的信任度，由于高管是企业经营管理的主要责任人，因此顾客的评价会进一步影响到高管的声誉。

（3）媒体报道。

媒体报道会对高管声誉产生以及声誉信息的传播具有重要的影响，但媒体报道具有一定的主观性，从而导致报道存在一定的偏向性，如米勒（Miller，2006）研究指出媒体在做报道时会考虑读者的兴趣，但读者亲自去验证报道真实性的可能性较低。因此，媒体报道会对高管声誉产生影响。海沃德等（Hayward et al.，2010）提出名人CEO之所以会出现，是因为媒体在报道时会将企业的优良绩效归功于CEO个人的结果。我国学者醋卫华和李培功（2015）的研究指出，有相当一部分媒体会为了获取报道公司的广告收入以及为了迎合读者的偏好，在报道时对公司进行追捧，而非出于企业的优秀业绩。

还有一些学者研究发现，高管个人的特质也会对其声誉产生影响，如费切林（Fetscherin，2015）研究发现，CEO的学历、经验等特征都会影响CEO声誉，继而对企业绩效和声誉产生影响。我国学者李辰颖和杨海燕（2012）研究发现，CEO的薪酬、是否两职合一等因素都会对其声誉产生影响。

3.1.2 高管声誉的度量

声誉具有不可直接测量的特征，因此高管声誉的测度一直以来是声誉相关研究的难点，且学术界并有形成统一的观点。从现有的研究来看，对高管声誉的测量主要有媒体报道频次、主流媒体评选获奖、多指标评价等方法。

以主流媒体和权威商业杂志评选出来的奖项来间接衡量高管声誉是测量经理人声誉的常用方法。约翰逊（Johnson，1993）以 *Financial World* 杂志中证券分析师对经理人的年度评价来对经理人声誉进行测度，研究了管理者声誉、会计信息质量和公司价值之间的关系；柯（Koh，2011）在研究名人高管对公司财务报表质量以及公司绩效的影响时，采用在安永以及具有高发行量的期刊等组织评比中获奖的企业家作为研究对象；韦德等（Wade et al.，2006）采用在《财富世界》获奖的年度CEO来对CEO声誉进行度量。我国学者张天舒、黄俊（2011）以企业品牌是否入选"中国最有价值品牌 100 强"来对企业声誉进行衡量，并进一步构建了经理人声誉的哑变量。陈红等（2013）将经理人是否入选《福布斯》杂志评选的"最佳 CEO"来作为 CEO 声誉的代理变量。刘丽颖（2013）采用高管获得奖项来衡量管理者声誉水平时，其高管获奖来源主要包含 CCTV 颁布的年度经济人物、蒙代尔世界经理人成就奖以及财富杂志社评选的中国最具影响力的 25 位商界领袖三个渠道。

高管声誉的另一种常用测度方式是通过 CEO 被主流媒体报道的频次来测量。米尔伯恩（Milbourn，2003）在研究基于股权的报酬和业绩敏感度时，采用 CEO 被媒体报道次数作为 CEO 声誉的代理变量；弗朗西斯等（Francis et al.，2008）在研究 CEO 声誉对盈余管理的影响时，选择标准普尔上市公司 CEO 被媒体报道的频次作为 CEO 声誉的替代变量，但这一测度方法受到某些学者的质疑，如瑞安（Ryan，2008）对弗朗西斯等（2008）关于 CEO 声誉与盈余管理关系的研究结论提出异议时，对采用新闻媒体中 CEO 的报道频次作为 CEO 声誉的替代变量的做法提出质疑，并认为：一是新闻媒体的专业性得不到保证；二是投资者等外部利益相关者对 CEO 的评价应该是 CEO 声誉评价的关键因素；三是新闻媒体在选择报道对象时考虑的因素很多，因此采用此种方法得出的声誉测量值具有偏差。我国学者在运用此种方法对高管声誉进行测量时，多采用经过条件筛选后高管名字在百度新闻出现的次数作为高管声誉的替代变量，李辰颖和刘红霞（2013）、于佳禾和陈海声（2014）、王珍义等（2017）均采用此种方式对 CEO 声誉进行了度量。

还有一些学者采用多个指标对高管声誉进行衡量。米尔伯恩（Milbourn，2003）使用四个指标来间接衡量管理者声誉，包括管理者任期、是否外部聘任、管理者任期内经行业调整的 ROA 以及含管理者姓名的与企业相关的道琼斯文章检索数量四个指标。拉贾波帕尔等（Rajpopal et al.，2006）采用国际上主要纸质媒体出现管理者姓名的文章数量以及经行业调整的 ROA 两个指标来衡量管理者声誉。袁春生等（2008）将选取了五个变量来测度管理者声誉，分别为董事长年龄、经理人报酬、总经理年龄、董事报酬以及总经理类型。杨俊杰和曹国华（2016）在米尔伯恩（Milbourn，2003）测度声誉的四个指标基础上，加入了两职合一指标，通过媒体曝光度、CEO 任期、CEO 来源、经行业调整的收益率以及两职兼任五个指标对管理者声誉进行测量，并将5个指标取值加总构建了管理者声誉的综合评价变量。徐宁和吴皞玉（2018）将高管声誉划分为奖励型声誉、专家型声誉以及政治型声誉三个维度，并通过主成分分析将上述三个维度整合成一个综合变量对管理者声誉进行测量。刘文楷（2018）在研究企业家社会资本对跨地区并购的影响时，采用荣誉称号（劳动模范、先进个人等）和荣誉嘉奖（政府表彰或嘉奖）两个维度对管理者声誉进行衡量。

从以往文献对高管声誉的测量研究来看，主要体现出以下两个趋势：一是对声誉的衡量从单一指标逐渐向多个指标演变；二是对声誉的测度开始结合本土的社会文化背景，如我国学者对管理者声誉进行测量时开始考虑政治身份以及获得来自政府的奖励等因素对声誉的影响，而不是单纯地借鉴国外的测度指标。高管声誉测度方法文献的梳理如表3-1所示。

表3-1　　　　　　　　　　高管声誉测度方法文献梳理

类型	研究者（年份）	具体测度方法
媒体报道频次	弗朗西斯 （Francis, 2008）	标准普尔上市公司CEO被媒体报道的频次
	米尔伯恩 （Milbourn, 2003）	含管理者姓名的与企业相关的道琼斯文章检索数量
	吴笛（2009）；李辰颖和刘红霞（2013）；于佳禾和陈海声（2014）；王珍义等（2017）	经过条件筛选后高管名字在百度新闻出现的次数
主流媒体评选获奖	约翰逊 （Johnson, 1993）	*Financial World* 杂志中证券分析师对经理人的年度评价
	高（Koh, 2011）	在安永以及具有高发行量的期刊等组织评比中获奖
	韦德等 （Wade et al., 2006）	在《财富世界》获奖的年度CEO
	张天舒、黄俊（2011）	以企业品牌是否入选"中国最有价值品牌100强"来对企业声誉进行衡量，并进一步构建了经理人声誉的哑变量
	陈红等（2013）	经理人是否入选《福布斯》杂志评选的"最佳CEO"
	刘丽颖（2013）	"CCTV颁布的年度经济人物、蒙代尔世界经理人成就奖以及财富杂志社评选的中国最具影响力的25位商界领袖"三种获奖来源

类型	研究者（年份）	具体测度方法
多维度指标体系	米尔伯恩（Milbourn，2003）	使用四个指标来间接衡量管理者声誉，包括管理者任期、是否外部聘任、管理者任期内经行业调整的 ROA 以及含管理者姓名的与企业相关的道琼斯文章检索数量
	拉杰波帕尔等（Rajpopal et al.，2006）	采用国际上主要纸质媒体出现管理者姓名的文章数量以及经行业调整的 ROA 两个指标来衡量管理者声誉
	袁春生等（2008）	选取了五个变量来测度管理者声誉，分别为董事长年龄、经理人报酬、总经理年龄、董事报酬以及总经理类型
	杨俊杰和曹国华（2016）	通过媒体曝光度、CEO 任期、CEO 来源、经行业调整的收益率以及两职兼任五个指标对管理者声誉进行测量，并将 5 个指标取值加总构建了管理者声誉的综合评价变量
	徐宁和吴皞玉（2018）	将高管声誉划分为奖励型声誉、专家型声誉以及政治型声誉三个维度，并通过主成分分析将上述三个维度整合成一个综合变量对管理者声誉进行测量
	刘文楷（2018）	采用荣誉称号（劳动模范、先进个人等）和荣誉嘉奖（政府表彰或嘉奖）两个维度对企业家声誉进行衡量

3.1.3　高管声誉与公司治理

如上所述，声誉激励能够有效降低委托代理关系下经理人的道德风险和逆向选择问题，从而降低代理成本。因此，近年来，学者们开始研究高管声誉在公司治理方面所发挥的作用，并对高管声誉与企业绩效、高管薪酬、盈余管理、信息透明度等方面的关系进行了相关研究，取得了一定的成果。

（1）高管声誉与企业绩效。

约翰逊（Johnson，1993）以 1975～1987 年 36 个行业的 900 多位高管作为样本，并利用《金融界》（Financial World）中证券分析师对高管的评价对高管声誉进行衡量，研究了企业绩效和资本市场指标与高管声誉的关系后发现，企业的利润与高管声誉之间具有正相关关系，但两者的关系强弱会受到行业差异的影响。柯（Koh，2011）检验了名人高管对企业财务报表质量以及公司绩效的影响，其以在安永以及《财富》《时代周刊》《商业周刊》（Fortune，Time，BusinessWeek）等高发行量期刊组织评选中获得奖项的 189

位名人高管作为样本，研究发现 CEO 在获得第一个奖项后，企业绩效相关的财务指标以及市场回报率都会增加，与此同时资本市场会给与该高管所在公司给予正面评价，认为该公司具有长期的投资价值。但韦德（Wade，2006）研究后发现，CEO 在刚刚获得声誉后，股东们会对此十分重视，并在股票回报上得以体现，但这种效应会慢慢减弱直到变为负面效应。费切林（Fetscherin，2015）研究认为，CEO 声誉对公司绩效的影响具有两面性，例如 CEO 的谦虚和诚实等特质会对公司绩效产生积极影响，而自恋以及崇尚权术等特质却不利于企业绩效提高。我国学者对高管声誉与企业绩效的关系进行了相关研究。李军林等（2005）基于博弈论视角研究后认为，声誉激励是企业经营者的重要激励机制，经营者会为了建立良好的声誉在任期内努力提高经营绩效。马连福和刘丽颖（2013）利用获得外部市场声誉的董事长为研究对象，通过倾向得分匹配（PSM）对高管声誉与企业绩效的关系进行研究后发现，高管声誉不能降低代理成本，但能够提高代理效率，从而提高经营绩效，但这种激励效果在不同产权的企业中具有差异。王帅等（2016）通过对公司高管进行访谈同时利用上市公司数据进行面板数据分析后发现，高管声誉能够通过与薪酬激励等显性激励的交互作用对公司绩效产生影响。

（2）高管声誉与高管薪酬。

米尔伯恩（2003）通过建立基于股票价格的经营层最优契约模型后研究发现，管理者声誉与其报酬 - 业绩敏感性之间具有正相关关系，且声誉可以降低代理成本。韦德等（Wade et al.，2006）以标准普尔 500 公司 1992 ~ 1996 年的 287 家公司为样本，并通过 *Financial World* 评选的年度 CEO 来对 CEO 声誉进行衡量，发现高管声誉与其薪酬具有正相关关系，且这种声誉对薪酬的影响大于业绩差异所带来的影响。与此同时，公司绩效对两者的关系具有调节作用，当净资产收益率（ROE）大于零时，高管声誉与薪酬具有正相关关系，但当净资产收益率小于零时，在相同的业绩水平下，拥有较高声誉的高管反而获得了更低的报酬。白索利索勒和桑切斯马林（Baixaulisoler and Sanchezmarin，2014）利用西班牙声誉检测机构的声誉数据，对 534 家西班牙上市公司面板数据进行分析后发现，如果公司的 CEO 具有较高的声誉，那么该公司高管团队的薪酬相应也会越高，且这种关系会受到公司治理有效性的影响。卡普兰等（Kaplan et al.，2015）采用实验研究方法，并选择

MBA 学生作为实验参与者，研究了"对 CEO 薪酬的评价"是否会受到 CEO 与薪酬委员会社会关联以及 CEO 声誉的影响。研究结果表明，CEO 声誉影响了参与者对 CEO 薪酬的评价，拥有较好声誉的 CEO 得到非专业投资者支持的比例较高，且非专业投资者对 CEO 薪酬公平性的认知在两者的关系间具有中介效应。

（3）高管声誉与盈余管理。

弗朗西斯等（2008）研究了 CEO 声誉与盈余管理质量的关系，他们选择标准普尔 500 家上市公司的 CEO 作为样本，采用新闻媒体中 CEO 名字的报道次数对 CEO 声誉进行测度后发现，CEO 声誉降低了盈余管理质量，作者认为，那些更具有挑战性的公司需要声誉更高的管理者。马尔门迪埃和泰特（Malmendier and Tate，2009）手工收集 1975～2002 年获得奖励的 CEO 名单，研究发现 CEO 在获得奖励后进行盈余管理的倾向更加明显。在公司治理水平较差的公司中，虽然企业绩效有所下降，但是管理者报酬在获奖后的 3 年内会持续增长，在大型公司中 CEO 获奖后权力与地位会随之增加，但这进一步恶化了委托代理问题。我国学者杨俊杰和曹国华（2016）以我国上市公司 2007～2013 年的数据为样本，研究发现 CEO 声誉与盈余管理之间具有正相关关系。

（4）高管声誉与信息透明度。

伊斯利和奥哈拉（Easley and O'Hara，2004）提出，公司透明度的提高有助于降低信息不对称程度，从而进一步降低公司资本成本并提高企业价值。因此，一些学者开始研究高管声誉对公司透明度的影响。一些学者认为，出于保护自己声誉免受寻租行为影响的目的，CEO 会提高公司信息的透明度（Fama，1980；Kreps et al.，1982；Kreps，1990）。拜克等（Baik et al.，2011）研究发现自愿性的信息披露会提高 CEO 的声誉，并且声誉更高的管理者所做的预测更加受到市场的关注，因此 CEO 声誉可能会提高企业的信息透明度。他们还发现，在公司治理机制不完善的企业中，CEO 声誉对信息透明度的提升作用更大，但也有学者认为，拥有较好声誉的 CEO 可能会将更多的精力放在声誉维护以及职业生涯发展上（Malmendier and Tate，2009），这会导致公司绩效有下滑的可能性，进而使高管不愿意透露企业的真实绩效。

（5）高管声誉与利益相关者关系。

学者们认为，声誉嵌入社会网络特别是企业利益相关者所构成的网络关系中，这有利于高管与利益相关者关系的维护。盖恩斯－罗斯（Gaines-Ross，2000）研究发现，CEO 的声誉对于股东财富增值具有重要作用，在推荐或者购买股票时，超过 95% 的分析师会基于 CEO 的声誉来做出决定，而 80% 的投资者对声誉较好的 CEO 更加信任。简和李（Jian and Lee，2011）研究发现，拥有高声誉 CEO 的公司更容易得到股票市场投资者的青睐，股票市场投资者对于拥有较高声誉 CEO 管理的公司的资本投资的反应更加积极。进一步地，CEO 声誉能够降低股票市场对于公司某些方面的负面反应，同时拥有较高声誉的 CEO 在公司的运营绩效上要优于那些拥有较低声誉 CEO 的公司。索恩和拉里斯西（Sohn and Lariscy，2012）研究发现，高声誉 CEO 减轻了公司在发生负面消息后利益相关者的负面评价和认知。因此，高管声誉作为一种战略资源能够在企业的危机公关和处理中起到十分积极的作用，影响到企业利益相关者的评价，进而影响企业本身。

（6）高管声誉与资源获取。

凯琴等（Ketchen et al.，2008）认为，高管声誉作为一项重要的公司无形资产，能够为企业带来丰富的资源和机会。根据社会认同理论，高管声誉会对组织内的员工以及潜在的求职者产生重要影响，且潜在的求职者会主动追随那些具有高声誉的管理者。盖恩斯－罗斯（Gaines-Ross，2000）通过实验证明，80% 的求职者会将高管声誉作为自己的工作场所是否符合预期的重要参考因素。因此，高管声誉能够帮助公司招聘到那些符合和认同企业文化理念的员工，匹配到更加合适的人力资源。孙俊华和陈传明（2009）研究发现，高声誉企业家通过企业关系网络以及个人关系网络获得的资源越多，那么企业能够获得外部资源也就越多；李忠民和仇群（2010）研究发现良好的企业家声誉提升了其在资本市场上的融资和资本积累能力；姚冰湜等（2015）认为，拥有较高声誉的 CEO 会关注到外部环境的变化以及信息资源的获取，更加有利于企业获取外部异质性的信息资源。因此，高管声誉有利于企业资金、信息、人力等方面资源的获取，本书也分析了声誉的资源效应对企业并购的影响。

3.2　并购行为相关研究

基于本书的研究目标和研究内容，本书围绕并购决策、并购溢价以及并购绩效三个维度，对以往的相关研究进行梳理和评述。

3.2.1　并购决策

（1）协同效应理论。

该理论指出，企业为了实现协同效应从而提升企业竞争力是企业发起并购的主要原因，主要表现为并购之后的公司业绩要好于并购之前两家或多家公司独立存在时曾要求或预期要达到的水平。具体来讲，协同效应主要包含经营协同效应、管理协同效应、财务协同效应以及市场势力理论等。

经营协同效应是指通过并购实现经营协同之后企业效率和效益的改变，理想的结果是通过经营协同产生的规模经济、市场份额提升以及优势互补等，企业的效率出现较大地提升以及由此带来了效益的增加。经营协同效应主要包含几个方面：一是规模经济效应。规模经济是指通过生产规模的增加以及产量的提升，企业产品的单位成本降低。有些学者认为追求规模经济效应是企业发起并购的主要动机，而并不是为了垄断。二是范围经济效应。在现代企业生产中，多类别的产品生产成为一种常见的现象。规模经济效应更多的是针对单一类别产品生产企业提出的理论，但对于多类别产品生产企业就不再适用，因此有些学者提出了范围经济效应的概念。范围经济的含义是指企业生产和销售多种产品时的总成本小于单独生产单一类别产品的企业的成本之和。斯拉斯基和卡弗斯（Slusky and Caves，1991）提出，企业进行横向并购主要是为了实现经营协同效应。纵向并购能够降低产品流通环节的成本，并实现生产上的技术互补，便于进行生产协作，从而实现范围经济效应。

管理协同效应是指并购之后企业管理效率的改变以及由此带来的效益的提升。在两家或多家企业实现合并之后，管理效率高的企业的管理能力能够向管理效率低的企业转移，从而实现管理协同效应。帕莱普（Palepu，1986）、施莱弗（Shleifer，2003）等学者利用总资产收益率（ROA）、净资产收益率（ROE）以及托宾Q等变量对企业的管理效率进行测度，研究发现并购可以带来并购参与方管理效率的提升。

财务协同效应主要含义是并购之后企业的资本分配效率得以提升，例如收购企业的低成本的资金可以用于被收购企业的高收益项目上，从而提高了并购之后企业资本的使用效益。迈尔斯（Myers，1984）提出，当目标公司的现金流显著高于并购公司时，并购公司会通过积极的并购来降低其资本成本。斯拉斯基和卡弗斯（Slusky and Caves，1991）研究认为，如果并购双方资本结构存在不同，那么其资本成本也会存在较大差异，因此通过并购实现财务协同效应的可能性更大。

市场势力理论的主要观点是，并购能够通过减少竞争对手来加强对经营环境的控制和垄断，降低市场竞争程度和提高市场占有率，进而获得较高的利润。穆林（Mullin，1995）以美国钢铁行业作为研究对象，研究发现钢铁行业的重组使得钢铁价格下降但产量得到了提升，这说明并购使企业在市场中增加了实力。埃克博（Eckbo，1983）、阿尔梅达等（Almeida et al.，2011）提出在横向并购中并购企业之间更有可能进行串通，其目的是压低生产要素成本或者提高价格并以此来获取利润。

（2）代理理论。

企业所有权和经营权分离是现代企业的一个显著特征。在两权分离的制度下，管理者做出的并购决策可能并非出于提高企业价值或者以股东利益最大化为目的，从而损害了公司的长期利益。因此，代理理论认为，管理者可能出于自身利益而做出损害公司长期利益而有益于企业短期利益的并购决策。基于代理理论解释，管理者做出并购决策主要出于以下几点动机：一是构建企业帝国。并购能够使企业规模迅速扩大，而企业规模的扩大往往会伴随着管理者报酬、权力、地位等方面的提升，管理者可能会为了个人利益而发起并购。因此，管理者出于构建企业帝国的目的会通过并购进行过度的扩张（Donaldson，1984）。二是多元化经营。并购能够帮助企业快速进入其他业务领域，实现多元化经营。阿米胡德和列夫（Amihud and Lev，1981）研究认为，经理人会通过积极的多元化战略来降低自身的职业风险和经营风险。莫克等（Morck et al.，1990）认为，经理人会出于私利动机而发起并购，且多元化并购的并购绩效较差。

（3）自大假说。

罗尔（Roll，1986）提出了管理者"自大假说"，并首次将该假说应用于企业并购行为研究。他认为并购公司价值之所以降低，可能源于过度自信的管理者在并购过程中支付了较高的并购价格。希顿（Heaton，2002）提出，经理人通过并购不断实现企业规模扩张，并不是出于自身利益，而是由于过度自信。马尔门迪埃和泰特（Malmendier and Tate，2003）研究发现，管理者过度自信与企业并购的可能性显著相关。苏达萨南和黄（Sudarsanam and Huang，2007）研究指出，过度自信的 CEO 更容易频繁发起并购。马尔门迪埃和泰特（Malmendier and Tate，2008）研究发现，相比于其他管理者，过度自信的管理者发起并购的概率会高出 65%。国内学者也对此问题进行了研究。傅强和方文俊（2008）以我国上市公司为样本，研究发现管理者过度自信与并购显著正相关，管理者过度自信是驱动并购的重要因素。史永东和朱广印（2010）对我国上市公司管理者过度自信与企业并购行为之间的关系进行了检验，发现相比于非过度自信企业管理者，过度自信管理者所在企业发起的并购要高 20% 左右。杨超（2014）、张权等（2019）的研究也证实了管理者过度自信对并购决策具有显著的促进作用。

（4）掏空理论。

掏空理论认为，股东尤其是控股股东会通过并购进行自我交易转移资源，从而对中小股东形成掏空。约翰逊等（Johnson et al.，2000）将控股股东侵占上市公司利益的行为描述为"掏空"战略。该种行为主要表现为自我交易转移资源，如债务担保、较高的管理层薪酬等，或者通过资产转移达到自身在企业中份额增加的目的，例如关联收购等。裴（Bae，2011）通过对韩国大型企业财团内部企业间的并购进行研究发现，在并购公司股价出现下跌时，控股股东可以通过财团内其他企业的价值提高而获得收益，从而证明了掏空理论。黄岩和刘淑莲（2013）基于大股东自利动机，研究了存在大股东利益输送的关联并购事件，发现对绩效较差的公司实行关联并购是大股东的一种利益输送行为。

3.2.2　并购溢价

在并购中支付过高的并购溢价，导致并购之后协同效应降低，是并购失败的主要原因之一（Hunter and Jagtiani，2003；扈文秀和贾丽娜，2014）。因此，学者们对影响并购溢价的因素进行了大量研究。

布拉德利（Bradley，1980）最早从协同效应理论出发对并购溢价问题进行了研究。他认为并购企业会通过向目标企业支付溢价的方式促使交易能够顺利完成，且并购企业预期并购能够带来的协同效应是对并购溢价的补偿。随后，沃克林和埃德斯特（Walkling and Edmister，1985）的研究也支持了布拉德利（1980）的研究，他们发现并购产生的预期协同收益与并购溢价呈正相关关系。斯拉斯基和卡弗斯（Slusky and Caves，1991）研究发现并购溢价与财务协同效应呈正相关关系，但与经营协同效应没有显著关系。洪贝格等（Homberg et al.，2009）对 67 个并购案例进行研究后发现，并购产生协同效应是需要一定条件的，只有在特定条件下协同效应才会发生。我国学者也对并购溢价与协同效应的关系进行了研究。董权宇（2006）研究发现，并购并非一定会产生协同效应，根据预期可能产生的协同效应而对目标公司支付过高的价格会使并购公司背负沉重的负担，最终导致并购失败。李海霞（2008）提出，由于公司未来发展的不确定性，支付较高的并购溢价并不一定会带来相应的协同效应，两者之间可能存在着某种联系。宋光辉和闫大伟（2007）通过模型推理发现，预期的协同效应越高，并购公司支付的并购溢价越高，并购失败的一个主要原因是高估了并购之后的协同效应，而不是支付了过高的溢价。吴益兵（2008）对雪津啤酒的案例进行了分析，发现导致并购溢价过高的原因是英博啤酒集团存在较高的协同效应预期。

并购溢价高低还会受到被并购公司对待并购态度的影响，即支持并购或抵制并购会影响到并购溢价。卡门特和施沃特（Comment and Schwert，1995）研究发现，如果目标公司实施了毒丸计划，那么并购溢价会显著提高。科特等（Cotter et al.，1997）研究证实，当独立董事比例较高时，毒丸计划对并购溢价的影响更大。索科维（Sokolyk，2011）研究发现，相比于其他的反收购策略，对管理层的补偿计划对并购溢价的影响更大。除了抵制态度外，出于保护股东利益等目的，有时候目标企业对于并购也会采取支持策略。目标企业会鼓励更多的竞标者参与并购，目标企业会在合同中约定如果目标企业解约会向并购企业支付一定的解约费用。与此同时，目标企业还会鼓励竞标者向其他竞标者提供并购的内部信息，从而促使其他并购企支付更高的并购溢价。奥菲瑟（Officer，2003）发现，解约费用会导致并购溢价的提高，但查欣和伊斯梅尔（Chahine and Ismail，2007）的研究则发现，只有中等规模的解约费用才会对并购溢价有显著的影响，过高规模的解约费用会导致并购溢价下降。

此外，学者们还研究发现，并购事件所在的行业特征也会对并购溢价产生影响。罗德斯（Rhoades，1987）研究发现，被并购银行的低资产比率与低平均资本以及银行业本身的高成长性对并购溢价具有促进作用，但并购溢价与被并购银行的盈利水平没有显著关系。迪亚兹和佐法（Diaz and Azofa，2009）对影响欧洲银行业并购溢价的因素进行研究后发现，被并购银行的吸引力越高并购溢价越高，其吸引力主要体现在权益比率、贷款比率以及净资产回报率等几个方面。拉马宁（Laamanen，2007）研究发现，相比于一般的公司，技术密集型企业的能力和资源会对其价值评估产生更大影响，被并购公司的投入增长率以及研发投入水平与并购溢价呈正相关关系。

学者们还从公司治理视角对影响并购溢价的因素进行了研究，主要从投资者保护、管理层持股以及并购公司管理者过度自信等方面进行了研究。

罗西和维尔平（Rossi and Vilpin，2004）研究发现，目标公司所在国家对投资者保护程度越高，则并购溢价越高。之所以会产生这种现象，主要有两方面原因：一是对投资者保护降低了资本成本，这会导致并购过程中竞标者竞争加剧，抬高了最终的成交价格；二是在投资者保护程度高的国家，公司股权会较为分散，为了避免被并购企业的中小股东出现搭便车行为，并购公司会支付更加高的并购价格。我国学者杨青和周绍妮（2018）从并购公司所在地投资者保护视角对这一问题进行了研究，发现并购公司层面的投资者权益保护水平与并购溢价显著负相关。

管理者持股情况会影响并购溢价。如果目标公司管理者持股较高，那么管理者为了防止控制权丧失会对并购采取抵制态度，除非交易价格能够弥补控制权丧失带来的损失。宋和沃克林（Song and Walkling，1993）研究发现，并购溢价与被并购公司管理层的持股比例呈正相关关系。但默勒（Moeller）的研究发现，如果被并购公司管理层持股比例较高，那么并购溢价可能会下降，这是因为持股比例较高的管理层可能会出于个人利益（例如并购之后继续留在公司任职），利用自己的控制权在谈判过程中降低并购溢价，从而损害了其他股东的利益。并购公司管理者持股同样会影响并购溢价。姚晓林（2016）研究发现，股权激励能够使管理者利益与股东利益趋于一致，CEO持股比例越高，并购溢价越低。

并购公司管理者过度自信会对并购溢价产生影响。罗尔（Roll，1986）认为，管理者过度自信可能是导致并购溢价的重要因素，且过度自信对并购溢价的影响可能超过经济效益动机的影响。海沃德和汉布里克（Hayward and Hambrick，1997）研究发现管理者过度自信与并购溢价呈显著正相关关系。杨超（2014）研究发现，与理性的管理者相比，过度自信的管理者更倾向于支付较高的并购溢价。江乾坤和杨琛如（2015）对影响中国上市公司海外并购溢价因素进行了研究，发现管理者过度自信会加大上市公司海外并购溢价程度。

3.2.3 并购绩效

关于并购绩效的影响因素，以往研究主要从公司治理因素和并购交易特征等方面进行了研究。

（1）公司治理因素对并购绩效的影响。

两职合一。关于董事长和总经理两职合一是否能够提升并购绩效，现有研究并未得出一致的结论。有些学者认为，从现代管家理论的视角来看，管理者为了实现自己的成就以及维护自身的尊严会努力工作，充当好企业管家的角色，而两职合一的治理结构弥补了董事长专业知识不足的缺陷，同时在并购决策中管理者能够有足够的自由空间和应变能力，提升了决策效率，从而提高了并购绩效（Donaldson and Davis，1991；Boyd，1995；章细贞和何琳，2014）。但另一些学者则认为，两职合一会导致总经理的权利过度集中，不利于董事会监督，增加了监督成本和代理成本（Brickly et al.，1997；Baiiga and Ran，1996；吴兴华，2010；潘颖和王凯，2014）。

管理者薪酬。很多学者对管理者薪酬与并购绩效的关系进行了研究。格林斯坦等（Grinstein et al.，2004）研究发现薪酬模式不同，并购绩效也会存在差异，股权性的薪酬更能激励管理者发起并购。奥古斯丁·拉多和邦内·瓦内斯（Augustine Lado and Bonne Vanness，2004）的研究也得出了相似的结论。阿纳希特（Anahit，2012）研究发现股权激励可以减少管理者非股东利益最大化的并购行为，且管理者持股比例与企业长期绩效显著正相关。张洽（2013）研究发现高管薪酬对企业并购战略具有显著影响，高管持股往往会带来正向的并购收益。姚晓林（2016）研究发现，CEO 股权激励与短期并购绩效以及长期并购绩效均显著正相关。但也有学者研究发现股权激励与并购绩效之间的相关关系可能并非线性的，如刘莉和温丹丹（2014）以我国 A 股上市公司并购事件为样本，研究发现股权激励与并购绩效之间呈非线性的关系。李维安和陈钢（2015）研究发现，高管持股与短期并购绩效之间的关系不显著，但与长期并购绩效之间具有非线性关系。

股权结构。以往学者对股权结构与并购绩效的关系研究得出了不同的结论。一些学者研究发现，股权集中度与并购绩效呈正相关关系，即股权集中度越高，企业并购绩效越好。弗朗克尔和本（Francoeur and Ben, 2012）以加拿大的并购事件为样本，研究发现股权集中度与并购绩效正相关。克兰尼克克斯和于格巴特（Craninckx and Huyghebaert, 2014）以欧洲并购事件为样本进行研究得出了相同的结论。我国一些学者以中国企业并购事件为样本得出了同样的结论（冯根福和吴林江，2001；李善民等，2004；谢军，2006），但另外一些学者研究发现，股权集中度越高，大股东与中小股东之间的利益冲突越大，第一大股东可能会利用并购进行掏空行为，从而损害了并购绩效。布兰克和塞拉卡（Bhaumik and Selarka, 2012）以印度的并购案例为样本，发现股权集中度与并购绩效显著负相关。关伯明等（2015）以中国 A 股上市公司海外并购事件为样本研究发现，股权集中度越高，并购绩效越差。赵息和陈佳琦（2016）以我国创业板上市公司代表性的并购事件为样本，研究发现创业板上市公司的股权集中度与并购绩效呈负相关关系。

股权性质。关于股权性质对并购绩效的影响，国内学者进行了大量的研究。一些学者认为国有企业相比于非国有企业在资源获取、信息获取等方面具有优势，这些优势有利于并购绩效的提升。潘爱玲和王淋淋（2015）以 A 股上市文化企业为样本，研发现相比于民营企业，国有文化企业的政治关联性更强，能够在并购过程中获得更多的财政补贴。另外一些学者认为，由于国有企业承担着较多的社会和政治目标，且国有企业的内部公司治理机制相对不完善，缺乏有效的监督，这些因素不利于并购绩效的提高。

刘子璇（2010）研究结果表明，国有控股公司的并购绩效低于非国有控股公司。许雯雯（2013）研究发现，政治关联是影响国有控股公司并购绩效的重要因素，而在政治关联下公司发起的并购并不一定是以股东利益为原则。

独立董事。独立董事是在董事会中发挥着重要的监督和咨询职能，能够帮助管理者提高决策质量。一些学者研究发现独立董事能够提高并购绩效（Chancharat et al.，2012；Boulouta，2013；Jiang. T. and H. Nie，2014；刘浩等，2012；胡元木，2012；潘颖和王凯，2014），但也有一些学者研究发现，独立董事并没有发挥监督和咨询职能，其对并购绩效的影响不显著（Hsu and Wu，2014；林丽和易波波，2011）。

（2）并购交易特征对并购绩效的影响。

支付方式对并购绩效的影响。在并购中主要有股票支付和现金两种支付方式。以往学者研究了不同的支付方式对并购绩效的影响。波隆切克等（Polonchek et al.，2005）研究发现股票支付给被并购企业带来了相对较高的收益，但现金支付方式并没有提高并购企业的收益。周绍妮和王惠瞳（2015）研究了支付方式影响并购绩效的传递效应，发现股票支付方式对并购绩效的提升作用要明显优于现金支付，这一方面是由于股票支付优化了股权结构，提高了股权制衡程度，另一方面是由于引入的机构投资者在公司监管中起到了重要的作用。但也有学者研究发现现金支付与并购绩效呈正相关关系，周小春和李善民（2008）研究发现现金收购更有利于并购后的价值创造。余鹏翼和王满四（2014）以我国上市公司跨国并购事件为样本，研究发现现金支付方式与并购绩效显著正相关。

行业相关性对并购绩效的影响。有些学者从并购事件是否发生在同一行业内视角出发，研究行业相关性对并购绩效的影响。鲁贝克等（Ruback et al.，1992）提出，并购公司与目标公司所在行业的交叉程度越高，那么并购之后企业的经营风险越低，更有利于协同效应的发挥，从而提高并购绩效。席鑫和谌昕（2010）从并购企业所处行业的生命周期角度，研究了行业特征对并购绩效的影响，发现处于成长期行业的企业，并购绩效要优于处于成熟期或衰退期行业的企业。

3.3　高管声誉对企业并购影响的相关研究

3.3.1　高管声誉对企业并购的影响

从现有的研究来看，高管声誉对企业并购影响的相关研究还较少，已有的文献也仅仅涉及到高管声誉对企业并购某一维度的影响，例如，Cho 等（2016）研究发现，拥有较高声誉的 CEO 倾向于对目标公司支付较低的并购溢价，于佳禾和陈海声（2014）研究了不同产权性质下 CEO 声誉对并购绩效的影响，发现相对于国有企业，民营企业中 CEO 声誉对并购绩效的提升作用更大。还有一些研究将声誉作为高管社会资本的一部分，从高管社会资本的角度研究声誉对个体和企业行为的影响，如孙俊华和陈传明（2009）将企业家社会资本分为了企业家的纵向关系网络、企业家的横向关系网络、企业家政治身份以及企业家声誉四个维度，研究发现企业家声誉对企业绩效具有明显的提升作用；刘文楷（2019）将企业家社会资本分为政治资本、商业资本、金融资本以及企业家声誉，研究发现企业家声誉会增加成长期企业选择跨地区并购战略的倾向，且能提高成长期企业跨地区并购绩效。

由以上分析可以看出，学者们已经开始意识到声誉作为一种重要的社会资本，能够对管理者行为决策以及企业并购产生重要影响，但目前研究成果还较少。高管声誉究竟如何影响企业并购（并购决策、并购溢价以及并购绩效）？高管声誉影响企业并购的作用机制是什么？哪些因素会影响高管声誉与企业并购的关系？这些都是本书要解决的问题。

3.3.2　其他并购参与者声誉对企业并购的影响

以往学者除了对高管声誉与企业并购的关系进行了相关研究，还对并购过程的其他参与者声誉与并购的关系进行了研究，其他并购参与者主要包括企业董事、投资机构、财务顾问、评估机构等。

晏国菀和谢光华（2017）采用事件研究法，基于董事会职能的视角对联结董事社会声誉与并购绩效的关系进行了研究，发现声誉机制提升了联结董事的咨询服务质量，降低了并购方和被并购方的信息不对称程度，从而提高了并购绩效，且异地并购或者目标公司信息越不透明时，高声誉联结董事对并购绩效的促进作用越强。

李曜和宋贺（2017）以2010～2013年我国创业板并购事件为样本，研究了风险投资机构（VC）对并购绩效的影响，发现拥有较高声誉VC支持的企业并购绩效显著优于低声誉VC支持的并购绩效。

卡特和马纳斯特（Carter and Manaster，1990）认为，高声誉的投资银行能够在并购等重大投资活动中提供鉴证作用，降低了信息不对称的风险，同时声誉较高的投资银行还可以在并购之后帮助企业重新架构并完善公司治理机制，降低企业代理成本以及整合风险。李彬和秦淑倩（2016）以我国上市公司2007～2013年并购事件为样本，发现管理层能力显著提升了并购绩效，且选择高声誉的投资银行能够显著地增强这种正面效应。

财务顾问声誉与并购行为。财务顾问是并购市场中的重要参与者，而财务顾问的声誉是一项无形的宝贵资产，具有较高声誉的财务顾问往往具备更高的专业化程度以及更高的能力（徐浩萍和罗炜，2007；Bao and Edmans，2011）。查欣和伊斯梅尔（Chahine and Ismail，2009）认为，拥有较高声誉的财务顾问能够降低并购过程中并购企业和目标企业之间的信息不对称程度，减少并购双方的交流成本。宋贺和段军山（2019）研究发现，高声誉的财务顾问具有声誉鉴定功能，这有利于发挥其专业化能力，进而提升并购绩效。

翟进步（2018）研究了我国上市公司定向增发行为中的利益输送行为，发现声誉较好的评估机构有利于提高标的资产评估的合理性，并减少向大股东输送利益的程度。程路（2018）研究发现，评估机构声誉与资产评估溢价呈显著负相关关系。

张建军和郑丹琳（2017）研究发现，在并购活动中会计师事务所的参与能够显著影响并购溢价，聘请高声誉的会计师事务所能够显著地降低并购溢价。

由以上分析可以看出，虽然已有文献对高管声誉与企业并购的关系研究还较少，但已经有大量的研究从不同的视角证明了声誉在企业并购中所发挥的作用，这些研究成果为本书研究提供了一定的理论支撑。

3.4 本章小结

本章在第 2 章相关概念和基础理论分析基础上，进一步对高管声誉以及企业并购（并购决策、并购溢价以及并购绩效）相关的研究文献进行了梳理。由上述文献梳理中可以发现：

第一，目前学者们已经对高管声誉的成因、测度方法以及与公司治理的关系进行了较为丰富的研究。总体来看，国内学者对于高管声誉的研究起步较晚，在高管声誉的测度方式上也多以借鉴国外成熟的方法为主，且总体的研究成果还较少。具体到研究内容上，国内外学者对高管声誉与企业行为决策的关系进行了大量的研究，但从企业并购视角研究高管声誉的文献还较少。企业并购是管理者所面临的一项重大决策，关系到企业未来经营业绩的好坏以及管理者自身的职业发展，高管声誉能否发挥作用可以从企业并购活动中得到很好地检验。因此，从企业并购视角研究高管声誉，能够拓展声誉理论的相关研究成果，具有重要的理论意义。

第二，对于企业并购的影响因素研究，以往研究主要从管理者特征、公司治理机制、制度文化环境等维度进行了相关研究。从管理者特征层面来看，以往文献关注了管理者持股（Song and Walkling，1993；Anahit，2012；刘莉和温丹丹，2014；姚晓林，2016）、管理者过度自信（Roll，1986；杨超，2014；江乾坤和杨琛如，2015）等因素对企业并购行为的影响，声誉作为管理者重要的特征和资产，在管理者职业生涯发展中起着十分重要的作用，但还鲜有研究对高管声誉与企业并购的关系进行研究。

第三，从高管声誉与企业并购的关系研究情况来看，目前研究成果还较少，主要是涉及管理者声誉对并购绩效（于佳禾和陈海声，2014；刘文楷，2019）、并购溢价（Cho et al.，2016）等方面的影响，但大多是对企业并购（并购决策、并购溢价以及并购绩效）单一维度的研究，且对影响高管声誉与企业并购关系的因素以及高管声誉的作用机制都缺乏深入的研究和探讨。但已经有较多的文献对投资机构声誉（李曜和宋贺，2017）、评估机构声誉（翟进步，2018）、财务顾问声誉（Chahine and Ismail，2009；宋贺和段军山，2019）、董事声誉（晏国菀和谢光华，2017）等与企业并购的关系进行了研究，这些研究成果为本书开展高管声誉与企业并购关系研究提供了一定的理论基础和文献支撑。

综上所述，以往文献对高管声誉与企业并购的关系还缺乏系统、全面的研究。开展高管声誉与企业并购的关系研究是十分必要的。声誉是一种重要的隐性激励方式，同时也是管理者职业生涯中一项重要的资产，其对高管并购行为决策具有重要的影响。尤其是在中国"重面子"和"重关系"的社会文化氛围中，声誉在个体决策中起着十分重要的作用。因此，立足于我国具体的管理情景，本书以我国 A 股上市公司并购事件为样本，理论分析并实证检验了高管声誉与企业并购（并购决策、并购溢价以及并购绩效）的关系。与此同时，本书还对高管声誉影响企业并购的作用机制进行了分析和检验，并检验了职业生涯阶段、产权性质以及外部经理人市场等因素对高管声誉与企业并购关系的调节作用，从而力求能够全面、详尽地对高管声誉与企业并购的关系进行研究，丰富现有的研究成果。

| 4 |
高管声誉影响企业并购的机理分析

第 2 章对本书研究内容涉及的相关概念以及相关理论进行了梳理和分析，第 3 章对高管声誉以及企业并购的相关研究进行了文献梳理和评述，本章将在前几章分析基础上，对高管声誉影响企业并购的机理以及不同调节因素影响高管声誉与企业并购关系的逻辑进行分析，并在此基础上构建高管声誉影响企业并购的逻辑框架，为下文实证检验和分析做好铺垫。

4.1　高管声誉影响企业并购的逻辑分析

声誉不仅能够缓解长期博弈下的委托代理问题，对管理者形成有效的激励约束（Fama，1980；Cambini，2015），同时声誉还是管理者的一项重要资产和社会资本，能够帮助企业获得较多的社会资源和异质性信息（孙俊华和陈传明，2009；姚冰湜等，2015）。因此，在讨论高管声誉对企业并购的影响时，不得不统筹考虑声誉所能发挥的治理效应和资源效应，单独考虑某一维度的作用往往会带来推理结果的偏差以及检验结果的不稳健性。因此，在分析高管声誉对企业并购的影响机理时，本书将从高管声誉的治理效应和资源效应出发，探究高管声誉影响企业并购的逻辑。

4.1.1　高管声誉的治理效应

在现代企业制度下，所有权与经营权两权分离带来了经营效率的提升，但也导致股东难以对管理层进行有效的监督，管理者出于个人私利往往会做出损害企业价值和股东利益的机会主义行为，从而产生了委托代理成本。在这种情形下，需要借助合理的公司治理机制来对管理者进行有效的激励和约束，降低代理成本，提高企业绩效。通过薪酬契约来实现对管理者的激励约束是最常见的治理手段，但随着研究的深入，发现无论是货币薪酬还是股权激励都存在着一定的弊端和局限性。例如，研究发现公司高管很大程度上会影响甚至决定自己的薪酬（Hallock，1997；Core et al.，2004），这导致高管薪酬并不是解决代理问题的有效手段，甚至本身会成本代理成本的一部分（卢锐，2008）。在我国上市公司中存在高管薪酬与业绩相关性不强、敏感度较低的现象（李瑞等，2011），这导致薪酬水平并不能真实反映管理者的实际贡献，从而削弱了货币薪酬激励的有效性。与此同时，受制于我国企业制度的特殊性，在国有企业中还存在着薪酬管制，这进一步对薪酬激励的效果产生了不利影响。对于股权激励而言，股权激励曾被认为是降低代理成本的有效手段，但随着安然事件等一系列公司丑闻的出现，股权激励也逐渐显现出一定的弊端。在我国，股权激励制度依然存在着较大的问题：一方面，虽然近几年来股权激励制度在我国企业中开始得到迅速推广，但相比于国外，我国实行股权激励的企业比例依然较低；另一方面，部分实行了股权激励的企业，股权激励往往成为高管谋取私利的寻租工具，在我国上市公司治理机制还不规范、资本市场有效性程度较低的情形下，不适宜大规模推广股权激励制度（宫玉松，2012）。

声誉激励是一种有效的治理手段，能够对管理者产生激励约束作用。相比于货币薪酬激励、股权激励等显性激励，声誉激励是一种隐性的心理契约，能够实现对管理者的自我激励和自我约束。良好的声誉有利于自身职业生涯的发展，同时能够获得相应的社会地位、薪酬以及获得他人的尊重等。虽然从短期来看，建立并保持声誉是有一定成本的，但从长期来看声誉能够给管理者带来较多的长期收益。管理者个人声誉往往建立在企业声誉之上，高管声誉的形成是长期成功经营企业的结果，没有长期化的行为，也就没有职业声誉（黄群慧，2001）。丰布伦和尚利（Fombrun and Shanley，1990）提出，信息是声誉的基础，管理者通过发送企业的优势信息来影响其他利益相关者的评价。因此，为了建立良好的声誉，管理者会在企业经营中约束自己的机会主义行为，同时激励管理者努力提高企业绩效，最大化企业价值和股东利益，并向市场传递优势信号，从而获得企业内部以及外部利益相关者的正面评价，建立自己的声誉。与此同时，声誉建立之后，管理者私利行为一旦被发现将会对声誉造成巨大的损害，从长远来看违规行为带来的收益远远小于声誉受损所带来的收益损失，且声誉再造成本十分高，进一步加大了声誉受损后带来的隐性成本。贝纳尔（Bednar，2015）研究发现，如果高管做出可能引起争议的私利行为，那么他会受到声誉方面的惩罚，而这些惩罚会降低管理者做出私利行为的可能性，因此声誉能够起到社会控制的功能。坎比尼（Cambini，2015）提出，由于信息不对称的存在，董事会并不能够完全观察到经理人的行为，所以正式的契约机制不能够完全解决委托代理问题，在这种情形下，声誉机制能够对代理问题产生一定的抑制作用。由以上分析可以看出，声誉能够激励管理者在企业经营中努力提高企业绩效，同时也会约束管理者的私利行为，从而形成声誉的治理效应。

在声誉的治理效应下，管理者在做行为决策时会以企业价值和股东利益最大化为原则，减少私利行为。相关学者的实证研究也验证了高管声誉的治理效应，如弗朗西斯（Francis，2008）研究发现 CEO 声誉与企业盈余管理负相关，我国学者张正勇和吉利（2013）研究发现企业家社会声誉与企业社会责任披露水平之间存在显著的正相关关系，百克等（Baik et al.，2011）研究发现 CEO 声誉能够提高企业信息透明度，这研究都证明了高管声誉能够减少管理者的私利行为，能够发挥治理效应。

4.1.2 高管声誉的资源效应

林南（2005）认为，社会地位是建立在声誉积累和分配基础上的，代表着社会资本，因为社会网络和他们的价值可以通过声誉来动员他人的支持，从而提高了个体在社会结构中对其他成员的权力的影响。因此，拥有良好个人声誉的管理者，能够通过企业的关系网络以及自身的关系网络获取的资源就会越多，从而帮助企业获得更好的绩效。声誉在管理者动员网络资源的过程中起到了重要的信息信号作用，能够改变网络成员对于管理者或者企业的认可程度，从而增强了企业在资源方面的支持（孙俊华和陈传明，2009）。因此，高管声誉作为一种重要的社会资本，能够帮助企业获取优势资源，提高企业绩效，从而具有资源效应。高管声誉的资源效应主要体现在两个方面：一是帮助企业获取资金支持，缓解企业面临的融资约束；二是帮助企业获取大量的异质性信息，降低交易成本和投资决策中的不确定性。

高管声誉能够向信贷市场传递积极的信号，缓解融资约束，获取资金资源。莫迪利亚尼和米勒（Modigliani and Miller，1958）认为，在完美的资本市场中，企业的内部资本和外部资本是可以完全相互替代的，因此企业的投资行为并不会受到公司财务的影响，只与企业的投资需求相关。但是，在现实情形中，完美的资本市场是不存在的，企业代理问题以及企业内部外的信息不对称等会导致企业从外部融资的成本要高于内部融资成本。以往研究证明，声誉信息能够在各个利益相关者之间传播和交换，帮助交易者从遥远的地区识别值得信赖的合作伙伴（Milgrom et al.，1990），因此声誉能够降低信息不对称，增加交易中的信息透明度；与此同时，由于声誉治理效应的存在，管理者会约束自身的机会主义行为，从而降低代理成本。因此，高管声誉能够通过降低代理成本以及信息不对称性而取得外部投资者的信任，缓解融资约束。已有相关研究证明了上述结论。李忠民和仇群（2010）通过实证研究发现，良好的企业家声誉能够提高其在资本市场上的资本积累和融资能力。朱冬琴等（2012）研究证明，CEO 声誉机制能够作为一种显性信号机制缓解信贷市场的信息不对称性，良好的声誉可以向市场传递积极的信号，帮助企业获得期限更长、额度更大的贷款。李辰颖等（2013）依据买方市场理论研究发现，CEO 声誉与商业信誉融资存在显著的正相关关系，这种关系无论在中央国有企业、地方国有企业以及非国有企业中均存在。其他学者的相关研究也支持了上述研究结论（张敏和李延喜，2014；马海霞等，2015；蒋薇薇等，2015）。另外，拥有较高声誉的管理者还能够主动吸引外部投资，如基金、财务公司等股权投资，进一步缓解融资约束。因此，声誉能够帮助企业获取资金资源。

高管声誉能够帮助企业获取大量的异质性信息资源。声誉是管理者一项重要的资产和社会资本，而社会资本源于社会网络并嵌入在社会网络之中，因此拥有较高声誉的管理者往往拥有丰富的社会网络和人际关系，在网络结构中也通常处于中心位置。社会网络中蕴含着丰富的业务机会和信息流，而声誉提高了个体动用资源的能力，因此拥有较高声誉的管理者在社会网络中有了获得关键性信息的优先权，能够帮助企业获取到大量的异质性信息，从而有利于投资决策的制定。姚冰湜等（2015）认为，拥有较高声誉的 CEO 会关注外部环境的变化以及信息资源的获取，更加有利于企业获取外部异质性的信息资源。因此，高管声誉有利于企业信息资源的获取。

除此之外，高管声誉的资源获取还表现在对人才资源的吸引上。根据社会认同理论，高管声誉会对组织内的员工以及潜在的求职者产生重要影响，且潜在的求职者会主动追随那些具有高声誉的管理者。盖恩斯－罗斯（Gaines-Ross，2000）通过实验证明，80%的求职者会将高管声誉作为自己的工作场所是否符合预期的重要参考因素。因此，高管声誉能够帮助公司招聘到那些符合和认同企业文化理念的员工，匹配到更加合适的人力资源。

4.1.3　高管声誉影响企业并购的作用机理

如上所述，高管声誉能够发挥治理效应和资源效应。一方面，高管声誉是一种重要的隐性契约，对管理者形成有效的激励约束，减少管理者在经营决策中的机会主义行为，降低代理成本，能够发挥治理效应；另一方面，高管声誉是一种重要的社会资本，能够提高企业获取资源的能力，不仅能帮助企业获取充足的信贷资金和外界投资，缓解融资约束，还能帮助企业获取大量的异质性信息资源，降低交易成本和投资风险。因此，本书认为，在探讨高管声誉与企业并购的关系时，要充分考虑到高管声誉的治理效应和资源效应，尽可能对高管声誉影响企业并购的作用机理进行充分的分析。

（1）高管声誉影响并购决策的作用机理。

并购是一项风险较大的投资活动，且常常伴随着巨额的资本支出。传统的委托代理理论认为，经理人出于私利目的，往往不愿意承担风险，这就需要通过相应的公司治理机制来对经理人进行激励约束，从而促使经理人在做投资决策时以企业价值和股东利益最大化为原则，而不是考虑个人的成本收益。如上所述，高管声誉是一项重要的隐性心理契约，具有治理效应，能够缓解长期博弈下的委托代理问题，减少管理者风险规避倾向，激励管理者勇于承担风险，做出并购决策。与此同时，以往研究发现融资约束会导致企业放弃很多NPV为正的投资项目，且对于并购这种大规模的投资来讲，内部资金往往不能满足并购的资金需求，很多时候需要借助外部资金进行杠杆并购，因此企业的融资能力对企业并购具有重要影响。高管声誉具有资源效应，作为一种积极的信号能够赢得外部投资者的信任，帮助企业获取充足的外部融资，缓解企业面临的融资约束，从而为并购活动提供资金支持。从上面的分析可以看出，高管声誉通过治理效应激励管理者勇于做出并购决策，通过资源效应帮助企业获取充足的资金支持，从而最终对并购决策产生正向影响。

（2）高管声誉影响并购溢价的作用机理。

并购定价是并购活动中的一项重要环节，对目标企业支付过高的价格不仅会损害并购企业股东价值，还会对最终的并购绩效产生不利影响。并购溢价受到很多因素的影响，其中并购方和目标方之间的信息不对称是影响并购溢价的重要因素。在并购谈判中，由于存在着信息不对称，并购方对于目标方的经营状况难以做到真实、全面的了解，这会导致并购方难以对目标企业的价值进行合理的评估，可能会导致过高的并购溢价。因此，通过不同的渠道搜集目标企业的真实经营信息，降低目标企业和并购企业之间的信息不对称，是降低并购溢价的有效方式。拥有较高声誉的管理者往往具有丰富的社会关系网络，在网络结构中也处于中心位置，具有较强的获取网络中资源的能力。研究表明，社会网络是一种信息传导机制，信息能通过网络加速传导，降低搜寻信息的成本（Uzzi and Gillespie，2002）。因此，除了通过公开的财务报表等途径了解目标企业的经营信息外，拥有较高声誉的管理者可以通过个人社会网络或企业网络来搜寻目标企业的真实内部信息，而往往这些"小道消息"对于了解目标企业更具有参考价值。与此同时，高管声誉还能发挥治理效应，激励高管在并购调查、谈判等环节尽职尽责，努力降低并购溢价，减少并购企业股东利益的损失。

（3）高管声誉影响并购绩效的作用机理。

通过并购为企业和股东创造价值是并购的主要目的，因此并购绩效的好坏是董事会和股东最为关注的。在影响并购绩效的主观因素中，并购企业管理层在整个并购过程中付出的努力程度以及资源整合能力的高低是影响并购绩效好坏的关键。一方面，为了避免并购失败导致声誉受损，管理者会在并购目标选择、尽职调查、协商谈判以及业务重组等环节以企业价值和股东利益最大化为原则进行决策并付出足够的努力，以此来提高并购绩效，减少并购失败风险；另一方面，在签订并购协议完成法定程序上的并购过程之后，对并购之后两家企业在业务、企业文化、人员等方面的资源整合是最终影响并购绩效好坏的重要一环。此时，管理者的资源整合能力就成为影响并购绩效的关键因素，而相比于低声誉的管理者，拥有较高声誉的管理者往往具有较强的资源整合能力。首先，高管声誉是对个体行为和能力等的综合反映

（张维迎，2005），因此拥有较高声誉的高管本身具有较强的资源整合能力和管理能力，从而有利于并购整合工作的开展；其次，高管声誉能够降低并购过程中的信息不对称问题，促进并购双方的信息流动，降低交易成本（王晗和陈传明，2015），同时高管声誉可以帮助企业加强与外部环境之间的信息交流，在交流中完善自身的学习机制，提高并购整合能力。与此同时，高管声誉有助于并购企业管理制度以及企业文化的推广，被并购企业对于并购企业的战略、文化以及管理制度等会更加认同，从而减少了并购双方之间的整合冲突等。因此，高管声誉能够发挥治理效应，激励管理者在整个并购过程中以企业价值和股东利益最大化为原则进行决策，努力提高并购绩效，同时高管声誉有利降低并购双方之间的信息不对称，提高目标方对并购方的信任，减少并购过程中的冲突，从而有利于企业文化、人员等各方面的资源整合，最终提高并购绩效。

4.2　各调节因素对高管声誉与企业并购关系的影响机制

4.2.1　职业生涯阶段

（1）职业生涯阶段与个体行为决策。

与企业生命周期类似，随着年龄的增长，管理者所处的职业生涯阶段也在不断变化，而处在不同职业生涯阶段时，管理者的行为决策会有明显的差异。在公司治理研究中，对职业生涯与行为决策关系的研究大多从职业生涯关注的视角出发，研究不同的职业生涯关注下管理者行为决策的差异。在现代企业中企业所有权和经营权分离，管理者出于私利可能会做出不利于企业长远发展以及股东利益的事，从而导致委托代理问题的产生。因此，为了有效激励管理者，企业所有者往往会制定一些显性契约，将管理者的薪酬与可观察的企业绩效相挂钩。但企业的经济绩效对管理者能力和努力程度进行衡量时会存在一定的偏差，所有者会根据当期的企业绩效对管理者的能力进行重新评估，并给出调整后的相应薪酬，因此管理者所经营企业的当期经济绩效不仅会影响管理者当期的收入，还会对未来的收入产生影响。与此同时，当管理者发生离任时，在上一家雇主的表现也会通过市场传递给其他潜在雇主，从而影响管理者被聘任的可能性以及在下一家雇主的起始薪资水平。这种情形下，管理者就有动机为了自身职业生涯的健康发展而努力工作，从而形成职业生涯关注激励效应。法玛（Fama，1980）最早开始关注职业生涯关注的激励效应，他认为经理人为了建立良好的声誉会倾向于努力工作，以此来获得更加优越的职业发展前景，因此不需要其他的显性契约。霍尔姆斯特伦（Holmström，1999）通过模型研究发现，职业生涯关注并不是显性激励契约的完美替代。吉本斯等（Gibbons et al.，1992）通过构建动态模型证实，职业生涯关注激励与显性的契约激励共同组成了最优的契约激励，且在管理者的职业生涯过程中两者具有替代关系。

国内外学者对职业生涯关注与公司决策的关系进行了相关的实证研究。普伦德加勒特和托莱（Prendergast and Tole，1996）从学习能力视角研究了管理者的投资行为，研究发现管理者为了凸显自己的学习能力，往往会夸大对新信息的反应，在投资上更加激进和大胆，而相比之下年老的 CEO 在投资决策上则更加保守。兰德斯特鲁姆（Lundstrum，2002）研究发现，随着 CEO 年龄的增长，公司的研发费用会逐渐减少。李等（Li et al.，2014）基于经理人职业生涯关注的视角研究后发现，相比于年老的 CEO，年轻的 CEO 在进行投资决策时会表现得更加激进，具体来讲：他们更倾向于从原来的经营领域退出并进入新的领域；在进行扩张性的投资活动时，他们更倾向于进行并购重组，而年老的 CEO 在进行扩张时则更倾向于通过建立新的生产线的方式进行扩张。我国学者也对管理者职业生涯关注进行了相关研究。饶育蕾等（2012）从职业生涯关注视角探讨了不同的职业生涯阶段对其投资眼界的影响，发现职业生涯初期和末期的 CEO 倾向于短时投资，而职业生涯中期的 CEO 则具有更加长远的投资眼界。王放等（2015）探讨了职业生涯关注和在职消费两种隐性激励的关系，发现当管理者职业生涯关注减弱时，高管会倾向于寻求更多的在职消费。谢珺和张越月（2015）研究发现职业生涯关注高的 CEO 更愿意承担风险，更倾向于采取重组行为。我国学者立足于本土管理情景对高管临近退休时的行为表现进行了研究：张燃等（2011）研究发现，经营者临近退休与企业成长性指标、盈利指标显著负相关，且这种负相关性在国有企业中表现得尤为明显；赵西卜等（2015）研究则发现，央企高管临近退休时投资效率显著下降。

由上述分析可以看出，在不同职业生涯阶段，管理者的职业生涯关注激励存在着差异，并会对管理者的行为决策产生重要影响。在职业生涯初期，年轻的管理者会为了职业生涯健康发展而努力工作，并积极建立自己的市场声誉，在投资决策上也勇于承担风险，而年老或者临近退休的管理者职业生涯关注减弱，不再愿意努力工作以及承担风险，在投资决策上也表现得较为保守。这意味着，当职业生涯关注减弱时，管理者为了职业发展而努力工作的动力也随之减小，此时职业生涯关注不再能够有效激励管理者勇于承担风险；与此同时，声誉作为管理者职业生涯发展中重要的隐性激励方式也会伴随着职业生涯关注的减弱而渐渐失去其激励作用，甚至会出现一些负面作用，如弗朗西斯（Francis，2008）研究发现声誉高的 CEO 会利用声誉进行寻租，且在临退休前这种寻租行为达到顶峰。立足于我国现行退休制度，我国学者研究了高管临近退休时这一特殊节点对高管行为的影响。研究发现，当高管临退休时，其职业生涯关注急剧减弱，容易导致一系列代理问题（张燃等，2011；赵西卜等，2015）。高管临退休时由于不再需要通过业绩增长来证明自己的能力，此时，高管会倾向于维护自己前期积累的声誉，以此来谋求退休后的其他收入来源（担任独立董事等）。

随着职业生涯阶段的发展，管理者不仅仅表现出因职业生涯关注减弱导致的行为决策更加保守，同时还会表现出另外一个特点，即随着职业生涯的发展，经理人的管理经验、知识储备以及社会关系等都在不断地积累，从而影响到管理者的行为决策。张进华（2010）研究发现，年长的管理者可依赖的经验资源和社会关系网络更加丰富，这些隐性资源可以帮助企业从网络关系中获取关键资源，同时年长的管理者获取的信息质量更高，从而甄别出可能产生的风险。张进华和袁振兴（2011）研究认为，社会资本的基础来源是网络关系，而关系网络的构建和形成都需要时间的沉淀，他们通过实证检验发现由年长者构成的高管团队拥有更丰富的外部社会资本。相关的研究也证明了管理者不同职业生涯阶段中经验以及资源积累的差异对其行为决策的影响。魏立群和王智慧（2002）认为，虽然年轻的管理者有更强的应变能力，但由于我国市场环境还不成熟，企业在经营过程中对管理者经验以及关系网络的依赖程度大于对组织创新和应变的依赖，同时他们以我国上市公司数据为样本的实证分析结果证实了上述推断，即高管团队平均年龄与组织绩效正相关。连兵和徐晓莉（2015）也得出了类似的结论，他们研究发现高管平均年龄越大，企业绩效越好，这是因为年长的管理者拥有更丰富的人脉和经验，会根据自己的经验为企业做出更为理性的投资决策，从而提高企业绩效。因此，在研究职业生涯阶段对高管声誉与企业并购关系的影响时，要同时考虑到职业生涯不同阶段职业生涯关注、管理经验和网络关系等各种差异对管理者行为的影响。

（2）职业生涯阶段对高管声誉与企业并购关系的影响机制。

如上所述，在不同的职业生涯阶段管理者的行为决策具有显著的差异。职业生涯阶段对高管声誉与企业并购关系的影响主要体现在以下几个方面：一是高管处在不同的职业生涯阶段时，高管声誉与并购决策的关系具有显著差异。当处在职业生涯初期时，由于管理者急于得到董事会的认可以及获得更高的社会地位，因此在投资决策上更加激进，这会增强高管声誉对并购决策的正向影响。二是不同职业生涯阶段下高管声誉与并购溢价的关系具有显著差异。如上所述，年龄越大的管理者虽然在投资决策上更加地保守和谨慎，但当已经做出并购决策要与目标方确定并购价格时，这时年长的管理者会更有优势，这是因为年长的管理者更加谨慎，考虑问题更加周全，同时经验更加丰富，这会有利于并购溢价的降低。与此同时，年老的管理者拥有更加丰富的社会网络以及动用资源的能力，能够帮助企业获取目标企业更多的内部真实经营信息，降低信息不对称性，从而进一步降低并购溢价。三是处在不同职业生涯阶段时，高管声誉与并购绩效的关系存在显著差异。如上所述，年老的管理者会更加珍惜自己的声誉，在整个并购过程中会以企业价值和股东利益最大化为原则进行决策，并利用自己的经验和社会资源帮助企业提高并购绩效。相比之下，年老的管理者由于经验和社会关系资源更加丰富，并购整合能力更强，这会增强高管声誉对并购绩效的正向影响。

4.2.2　产权性质

（1）国有企业与非国有企业的差异。

按照世界银行的定义，国有企业是指"由政府投资或参与控制的经济实体"。在我国，国有企业是指由国家出资或参股控制，向社会提供服务和产品，并且归全体人民所有的经济实体。因此，从本质上来讲国有企业是属于全体人民的资产，但在实际操作过程中，全体人民并不能直接对企业进行经营和管理，因此只能委托国家和政府对国有资产进行管理，国家和政府再委托相应的管理者对企业进行经营管理，并对管理者进行监督和管理。由于政府代表全体人民对国有企业进行管理，那么国有企业的经营管理过程必定会受到相应的行政干预。张维迎（1995）提出，在严重的政府干预下，国有企业存在的主要问题是管理层激励约束机制的缺失以及经营目标的扭曲。因此，本书着重分析在行政干预下国有企业与非国有企业在以下两个方面的差异：一是管理者激励约束的差异，二是企业经营目标的差异。

相比于非国有企业，国有企业中具有更加复杂的委托代理关系，且国有企业在实质上存在"所有者缺位"的事实。尽管政府部门会对国有企业经理人进行监督，但由于信息不对称的存在以及"所有者缺位"导致监督效率低下，国有企业内部人控制现象严重，代理成本较高。在这种情形下，制定合理的国企高管激励约束机制对于提高国企经营效率、减少代理成本十分重要。现阶段，国有企业高管的激励措施主要包括货币薪酬激励、股权激励以及晋升激励等。对于薪酬激励，由于内部人控制严重，国有企业管理者有较大的权力参与到薪酬计划的制订中，导致"天价薪酬"等问题较为突出。针对国企高管薪酬偏高的问题，国家在2009年出台了"限薪令"，对央企高管的薪酬水平、薪酬结构等进行了规定，采取整齐划一的薪酬管制。这一措施虽然在一定程度上限制了国企高管薪酬不合理现象，但也导致国企高管薪酬难以市场化，尤其是对于那些能够充分参与市场竞争的国企来讲更是如此，难以充分发挥薪酬激励的作用。不仅如此，薪酬管制导致在职消费等成为高管的替代性选择（陈冬华，2005）。与此同时，由于国有企业承担了较多的政策性负担，经营绩效难以量化，这也导致国有企业薪酬与绩效很难有效挂钩。因此，在这样的情形下，国有企业薪酬激励效果十分有限。对于股权激励，2006年国资委、财政部颁布了《国有控股上市公司（境内）实施股权激励试行办法》，但是在试行过程中出现了较多的问题，如降低行权条件、股权激励规模偏高、操纵财务数据和股价等问题，这些问题导致股权激励并不能很好发挥作用。与此同时，相比于非国有企业，国有企业中实施股权激励的比例也较低。除了薪酬激励上的差异外，在晋升激励上国有企业与非国有企业也有较大的差异。由于国有企业实质上的所有人缺位，政府出于对国有企业管控的需要往往会直接对高管进行任免，并且被任命的高管具有一定的行政级别。相比之下，非国有企业中的晋升激励则主要以企业内部的晋升为主。

国有企业与非国有企业的另一个差异体现在经营目标上。非国有企业在经营中以利益最大化为目的，遵循企业价值最大化的原则，而国有企业在经营中不仅要考虑利润最大化，还要兼顾社会服务等目的。国有企业往承担着就业、社会福利等政策性负担，如借助冗员来减少失业率以此来维持社会稳定、基于政府的需求提供产品（Shleifer and Vishny，1994）、向员工支付较高的工资等（陆正飞等，2012）。

由上述分析可以看出，国有企业在经理人激励、经营决策等方面都无法完全市场化，进而与非国有企业出现一定的差异，这些差异会对高管声誉与企业并购的关系产生较大的影响。

（2）产权性质对高管声誉与企业并购关系的影响机制。

如上所述，在不同的产权性质下，企业的经理人激励以及经营决策都存在着显著的差异。产权性质对高管声誉与企业并购关系的影响主要体现在以下几个方面：一是产权性质影响了高管声誉与并购决策的关系。李文贵和余桂明（2012）研究发现，国有企业由于肩负着较多的政府职能，出于维护社会稳定、提供公共服务等目的，在投资时会采取更加稳健的投资决策，从而降低了企业风险承担水平。因此，国有企业经理人在进行投资决策时会受到政策目标干预而偏离企业价值最大化原则。与此同时，国有企业中高管薪酬管制现象十分普遍，管理者投资成功后所享有的收益份额相比于民营企业十分有限，而一旦失败则可能面临着因投资失败导致国有资产贬值所带来的责任追究，这致使经理人会为了职业生涯发展考虑而减少并购等高风险投资的选择，避免声誉受损影响晋升机会，从而降低了高管声誉对并购决策的正面影响。二是产权性质影响了高管声誉与并购溢价的关系。相比于非国有企业，国有企业的治理机制还不完善，董事会以及大股东的监督职能都尚未得到有效发挥，这会导致在确定并购定价时缺乏有效的监督机制，而声誉机制的有效发挥需要其他治理机制的有效配合，因此在国有企业中高管声誉对并购溢价的负面影响会减弱。与此同时，国有企业的投资决策面临更加严格的审查流程，往往会错失并购的最佳时机，这也会导致高管声誉对并购溢价的负向影响减弱。三是产权性质会影响高管声誉与并购绩效的关系。如上所述，相比于非国有企业，国有企业在监督机制上尚不完善，这会削弱高管声誉的治理作用，降低高管声誉对并购绩效的正向影响；同时，由于国有企业对经理人的考核并非完全以绩效为参考依据，这也会降低经理人努力提升并购绩效的积极性，从而进一步降低高管声誉对并购绩效的正向影响。由以上分析可以看出，产权性质会对高管声誉与企业并购的关系产生影响。

4.2.3 外部经理人市场

（1）外部经理人市场与公司内部治理。

随着社会主义市场经济的不断发展，外部经理人市场在劳动力市场中的作用日益凸显。与此同时，外部经理人市场与企业内部公司治理的关系日益密切，两者共同对企业的经营发展产生重要的影响。成熟的外部经理人市场能够提供相对完善的声誉机制，进而约束管理者的道德风险行为和机会主义行为，促使经理人为了自己的职业生涯发展而努力工作。法玛（Fama，1980）提出，如果存在成熟有效的经理人市场，那么声誉机制就是一种有效的治理机制。如果经理人不能努力工作得到市场的认可，就不能获得良好的声誉，其薪酬水平和工作机会就会减少。袁春生和祝建军（2007）认为，活跃的外部经理人市场能够促进经理人效率工资和声誉机制有效发挥，对经理人形成有效制约，经理人之间通过相互比较和竞争，会努力工作并以此来证明其自身的人力资本价值，进而降低被解雇的概率、获得更多的人力资本回报以及避免支付高额的机会成本。韩洪灵和袁春生（2007）通过研究发现，外部经理人市场的竞争程度与公司舞弊行为负相关，不成熟的外部经理人市场难以发挥报酬激励机制以及声誉机制对舞弊行为的抑制作用。帕克等（Park et al.，2012）发现当外部经理人市场变得有效时，能够促进公司更多地聘用外部经理人，与此同时经理人也会通过研发投入的增加来承担更多的风险，这意味着外部经理人市场在抑制经理人自利行为上能够有效发挥其治理作用。黎文靖等（2014）研究认为，由于国有企业的高管任免权受到政府的干预和管制，我国国有企业经理人市场在一定程度上受到管制，流动性较差，且外部薪酬差距无法对国企高管形成正向激励作用。董维明等（2018）以中国上市公司为样本，研究发现外部经理人市场与公司内部治理对企业真实和应计盈余管理的影响具有互补效应。

以上研究表明，外部经理人市场通过声誉机制和流动机制等能够对管理者行为产生影响，同时外部经理人市场也会在一定程度上影响公司内部治理机制作用的发挥。沈小秀（2014）认为，外部经理人市场和内部经理人市场，两者都不是独立运行的，它们之间存在着密切的关系，协同发挥作用。因此在研究公司治理问题时，需要考虑外部经理人市场对管理者行为决策的影响。

（2）外部经理人市场对高管声誉与企业并购关系的影响机制。

张萍等（2013）认为，声誉机制能够有效发挥依赖于其所处的制度环境，而博纳特等（Bohnet et al.，2014）的研究也证实外部制度环境会对声誉机制的有效发挥产生影响。声誉对管理者的激励约束是与经理人市场的竞争选聘机制紧密联系的，经理人市场的实质是经理人的竞争选聘机制，而在经理人市场上，管理者声誉既是经理人长期成功经营企业的结果，又是对管理者能力的一种证明（黄慧群，2001）。因此，外部经理人市场对高管声誉机制的有效发挥具有重要影响。一方面，外部经理人市场越成熟，则管理者在市场中面临的竞争越大。良好的声誉有利于管理者在经理人市场中占据优势地位，提升管理者在竞争中的砝码，因此管理者会努力地提升自己的声誉，拓宽自己在经理人市场中的竞争优势。另一方面，经理人市场越成熟，经理人的流动机制越成熟，通过外部选聘经理人概率越大。在成熟的外部经理人市场中，各种人才招聘、资质评估等中介机构数量较多，通过外部选聘经理人的流程和机制也更加规范，这无疑会加大经理人的外部选聘概率，同时增加了企业内经理人被替换的来源渠道，这会无形中增加企业内经理人的压力，促使其勤勉工作，减少违规行为并努力提升企业绩效，以降低被外部经理人替换的可能性。与此同时，外部经理人市场的流动机制给优秀的经理人更多的工作机会，良好的声誉作为一种积极的信号能够在经理人市场中传播，而外部经理人市场越成熟，这种传播速率越快，越有利于高声誉经理人在行业中建立威信，增加了未来高声誉管理者被聘用的可能性。

如上所述，声誉机制的有效发挥离不开外部经理人市场协作。因此，外部经理人市场成熟度影响到高管声誉与企业并购的关系。如果外部经理人市场较为成熟，则在竞争压力下以及出于对自身职业生涯的考虑，经理人会在并购决策过程中以企业价值和股东利益最大化为目标，努力降低并购溢价，积极对并购之后的资源进行有效整合，从而提升并购绩效。因此，外部经理人市场强化了高管声誉对企业并购绩效的正向影响。

4.3　高管声誉影响企业并购的逻辑框架

如上所述，高管声誉通过治理效应以及资源效应对企业并购（并购决策、并购溢价、并购绩效）产生影响，同时高管所处职业生涯阶段、产权性质以及外部经理人市场等因素会影响到高管声誉治理效应以及资源效应的发挥，从而对高管声誉与企业并购的关系产生影响。基于上述分析，本书构建以下研究逻辑框架，如图 4－1 所示。

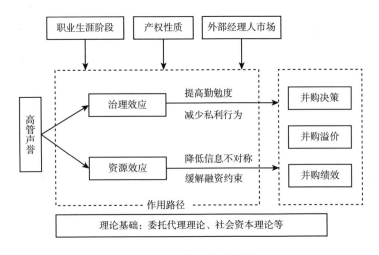

图 4－1　本书研究逻辑框架

| 5 |

高管声誉对并购决策影响的实证分析

并购是一项风险巨大的投资决策。从第 3 章的文献梳理可知，以往研究对管理者发起并购的动机进行了研究。最初认为管理者发起并购是为了实现协同效应，但后来学者们发现在所有权和经营权分离的制度下，管理者做出的投资决策并非完全以股东利益最大化为目的，管理者出于私利可能会频繁发起并购，也可能出于风险规避而放弃并购。以往研究从管理者自大、大股东掏空以及管理者激励等不同角度对影响企业并购决策的因素进行了研究。声誉是一种重要的激励方式，也是管理者职业生涯中一项重要资产，会对其行为决策产生重要影响，但目前对高管声誉与并购决策关系的研究还较少，因此本章以 2009 ~ 2016 我国 A 股上市公司并购事件为样本，理论分析并检验了高管声誉与并购决策的关系，同时检验了职业生涯阶段、产权性质对高管声誉与并购决策关系的影响。进一步地，本章还检验了高管声誉影响并购决策的作用机制。本章检验了高管声誉是否能够缓解企业的融资约束，为企业发起并购提供资金支持，从而促进并购决策。

5.1　理论分析与研究假设

企业在经营过程中面临着诸多风险，其中最大的风险来自投资。与企业其他投资相比，并购是一项规模大、风险高的投资行为。哈福德和李（Harford and Li，2007）认为，并购决策是 CEO 所做的最重要的企业资源分配决策。与其他投资相同，并购是 NPV 不确定的投资，以往的研究发现并购的结果往往是不好的，因此并购会给企业财务带来风险。如果并购结果不理想，那么管理者可能会面临被降职或解雇的风险，同时并购公司可能成为潜在的并购目标（Mitchell and Lehn，1990）。

随着企业所有权和经营权的分离，管理者出于个人私利往往不愿意承担风险，违背了股东利益最大化原则，因此代理问题是影响企业风险承担决策的重要因素。以往学者对于何种公司治理机制能够有效降低代理成本、提升企业风险承担水平进行了大量的研究。在监督机制上，约翰等（John et al.，2008）研究发现，良好的投资者保护能够有效约束经理人因谋取私利而减少有效投资的可能性；阿提格等（Attig et al.，2013）研究指出，大股东为了自身利益有监督管理层的动机，可以有效降低代理问题从而提升企业风险承担水平。在激励机制上，吉拉蓬等（Jiraporn et al.，2015）认为，股权激励可以有效减轻管理层风险规避倾向，提升企业风险承担水平，但另外一些学者得出了相反的结论（Hayes，2012；Armstrong and Vashishtha，2012）。基尼和威廉姆斯（Kini and Williams，2012）认为，内部锦标赛可以促使管理者追求高风险高收益的项目，以此来提高企业绩效并获得晋升机会。作为经理人职业生涯重要的无形资产和隐性激励手段——高管声誉，同样能够有效约束管理者机会主义行为，降低其风险规避倾向，促使管理者勇于发起并购。以往的研究发现，声誉可以有效降低代理成本，减弱代理人和股东之间的利益冲突。拉德纳（Radner，1981）认为，在薪酬激励等显性激励方式难以发挥预期效果，经理人的行为也无法被有效观测到时，声誉激励可以解决长期博弈下的委托代理关系问题。相关学者的研究也证实了此结论，如柯（Koh，2014）以获得相应奖项的名人企业家为研究对象，发现名人高管对于公司的财务报表质量以及企业绩效具有显著的正向影响。贝纳尔（Bednar，2015）研究发现，高管为了私利选择不合理的治理行为时，会受到来自声誉方面的惩罚，这会抑制高管潜在的道德风险行为，发挥声誉社会控制的功能。坎比尼等（Cambini et al.，2015）的研究也证实，高管一旦做出违背契约的行为，其声誉将遭受明显的损失，高管为了避免声誉损失会主动约束自己的行为。因此，拥有较高声誉的CEO为了自己的职业生涯发展，会努力维持或提升自己的声誉价值并减少投机行为，降低风险规避倾向，将自身利益与股东利益相趋同，在进行投资决策时以股东利益最大化为原则，从而勇于做出并购决策。

与此同时，高管声誉还具有"资源效应"，能够帮助企业获取足够的资金支持，使并购活动能够顺利实施。莫迪利亚尼和米勒（Modigliani and Miller，1958）认为，在完美的资本市场中，企业的内部资本和外部资本是可以完全相互替代的，因此企业的投资行为并不会受到公司财务的影响，只与企业的投资需求相关。但是，在现实情形中，完美的资本市场是不存在的，企业代理问题以及企业内部外的信息不对称等会导致企业从外部融资的成本要高于内部融资成本。马吉卢夫（Majluf，1984）提出了不完美市场中的优序融资理论，考虑到企业内外部信息不对称的存在，信息不对称程度越高企业面临的融资约束将越大，外部融资成本越高，这进一步导致企业在制定投资决策时不得不放弃一些 NPV 为正的投资项目。伯南克和格特勒（Bernanke and Gertler，1989）、格特勒（Gertler，1992）进一步研究指出，企业内部的代理问题也是导致企业面临融资约束的原因，外部投资者会担心经理人为了私利做出侵害投资者利益的事情，因此外部投资者只能通过索取一定的溢价来弥补相应的风险，这导致外部融资成本高于内部融资成本。斯蒂格利茨和魏斯（Stiglitz and Weiss，1981）等提出，即便不考虑代理问题以及信息不对称问题，企业在外部融资过程中的谈判、签约以及监督等都会产生交易费用，高额的交易费用也会导致企业面临着融资约束，进而使企业放弃 NPV 为正的项目。国内外学者对融资约束的后果进行了相关研究。恰尔尼茨基（Czarni-tzki，2006）采用 Tobit 模型研究了德国企业的技术投资行为，研究发现融资约束的存在阻碍了企业的技术投资，且相比于大企业，小企业面临的融资约束对其投资行为的影响更大。萨维根（Saviganc，2006）以法国制造企业为样本，研究发现当企业面临着较高的融资约束时，其技术投资倾向也较低。席尔瓦（Silva，2011）以葡萄牙企业为样本，同样发现了融资约束对技术投入与产出具有较大影响。我国学者康志勇（2013）研究发现，融资约束抑制了我国本土企业的研发活动。王书珍等（2016）研究发现，企业的融资约束对研发具有显著的抑制作用。以上研究表明，融资约束会抑制并购、研发等投资活动。如上所述，企业的融资约束主要是由于信息不对称、代理成本等问题。声誉作为管理者能力和品质的重要体现，能够有效减少企业面临的融资约束。一方面，拥有较高声誉的管理者出于维护声誉的需要，会及时地披露企业内部信息，提高企业信息披露质量，避免因受到监管部门的处罚而影响自己的声誉。同时，声誉较高的管理者受到的媒体关注也较多，较多的媒体关注会提高企业自愿披露社会责任信息的意愿，从而缓解企业面临的融资约束（倪恒旺等，2015）。另一方面，以往研究证明，声誉能够有效激励管理者，从而降低企业的代理成本（La porta et al.，2000；Becht et al.，2003；

Allen et al.，2005）。戈麦斯（Gomes，2000）和戈帕兰等（Gopalan et al.，2005）发现声誉可以约束企业对外部投资者的掠夺。与此同时，拥有较高声誉的管理者能够充分发挥其"声誉保险"的作用，从而帮助企业获取更多的资源。综上所述，高管声誉能够提高企业的信息披露质量，同时能够减轻企业的委托代理问题，降低代理成本，进而减轻企业面临的融资约束问题。融资约束的降低，会为企业的并购活动提供足够的资金支持，进而提升企业并购的可能性。

由以上分析可以看出，拥有较高声誉的管理者相对于低声誉管理者，其资源获取能力会更强，而相关研究也证实了上述推论。李忠民（2010）研究发现，企业家的良好声誉会提升其在资本市场上的资本积累能力和融资能力。朱冬琴等（2012）也研究发现，CEO 声誉能够作为一种显性信号，缓解信贷市场中的信息不对称，因此拥有良好声誉的 CEO 可以向市场中传达积极的信号，从而帮助企业获得期限更长、额度更多的贷款。由此可见，声誉具有显著的资源效应。并购是一种规模巨大的投资行为，需要巨大的资金支持，而以往的研究发现融资约束是阻碍企业投资的重要因素（Majluf，1984；Czarnitzki，2006；康志勇，2013；王书珍等，2016），因此拥有较高声誉的高管能够通过降低企业面临的融资约束，为并购活动提供足够的资金支持，从而进一步提高并购的可能性。

综上所述，高管声誉能够发挥治理效应减少管理者的风险规避以及私利行为，同时能够发挥资源效应缓解并购企业的融资约束，帮助企业获取足够的并购资金支持，从而提高并购决策的可能性。因此，本书提出假设：

H5-1：高管声誉对并购决策具有正向影响。

管理者所处的职业生涯阶段不同，其对职业生涯的关注程度也存在差异。国内外学者对职业生涯关注与投资决策的关系进行了相关的实证研究。普伦德加斯特和托尔（Prendergast and Tole，1996）从学习能力视角研究了管理者的投资行为，研究发现管理者为了凸显自己的学习能力，往往会夸大对新信息的反应，在投资上更加激进和大胆，而相比之下年老的 CEO 在投资决策上则更加保守。兰德斯特鲁姆（Lundstrum，2002）研究发现，随着 CEO 年龄的增长，公司的研发费用会逐渐减少。李（Li，2014）基于经理人职业生涯关注的视角研究后发现，相比于年老的 CEO，年轻的 CEO 在进行投资决策时会表现得更加激进，具体来讲：他们更倾向于从原来的经营领域退出并进入新的领域；在进行扩张性的投资活动时，他们更倾向于进行并购重组，而年老的 CEO 在进行扩张时则更倾向于通过建立新的生产线的方式进行扩张。谢珺和张越月（2015）研究发现职业生涯关注高的 CEO 更愿意承担风险，更倾向于采取重组行为。由以上分析可知，管理者所处职业生涯阶段的不同，会对其投资决策产生重要影响。对于并购决策来讲，相对于处于职业生涯后期的管理者，年轻的管理者在进行投资决策时更加激进，更加愿意承担风险。因此，处于职业生涯初期的管理者会为了自己的声誉积累以及职业发展而勇于发起并购，强化了高管声誉对并购决策的正向影响。因此本书提出假设：

H5 - 2：在职业生涯前期，高管声誉对并购决策的正向影响更强。

立足于我国公司治理现状，本书检验了并购企业产权性质对高管声誉与并购决策关系的影响。一方面，与非国有企业相比，国有企业在投资决策方面受到较大的行政干预（Frye and Shleifer，1997；潘洪波等，2008；方军雄，2008；马忠和刘宇，2010；郝颖和刘星，2011；冯桂平，2013；余汉等，2017），这削弱了高管声誉对并购决策的正向影响。李文贵和余桂明（2012）研究发现，国有企业由于肩负着较多的政府职能，出于维护社会稳定、提供公共服务等目的，在投资时会采取更加稳健的投资策略，从而降低了企业风险承担水平。因此，国有企业高管在进行并购决策时会受到政策目标干预而偏离企业价值最大化原则，即便高管拥有较高的声誉也难以发挥较大的作用。另一方面，在行政干预下国有企业高管激励机制出现一定的扭曲，导致高管声誉难以发挥作用。于佳禾和陈海声（2014）认为，由于我国国有企业的特殊地位，CEO 声誉对国有企业经营者的激励作用并没有真正体现出来。例如国有企业中高管薪酬管制的存在导致管理者投资成功后所享有的收益份额相比于民营企业十分有限，而一旦失败则可能面临着因投资失败导致国有资产贬值所带来的责任追究，这致使高管会为了职业生涯发展考虑而减少高风险项目的选择，避免声誉受损影响晋升机会（企业内部晋升或者政治晋升），从而放弃并购决策。因此，本书提出假设：

H5 - 3：相比于国有企业，非国有企业中高管声誉对并购决策的正向影响更强。

高管声誉影响并购决策的作用机制如图 5 - 1 所示。

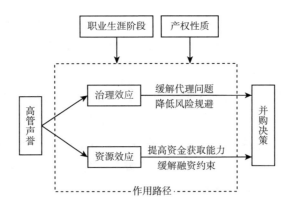

图 5-1 高管声誉影响并购决策的作用机制

5.2 研究设计

5.2.1 样本选择和数据来源

本章以 2009~2016 年我国 A 股上市公司发生的并购事件为初始样本。样本数据按照下列规则进行筛选：一是剔除金融类上市公司样本；二是剔除交易状态为 ST 和 PT 的上市公司样本；三是剔除并购交易失败的样本；四是剔除交易类型为"债务重组、资产置换、资产剥离以及股份回购"等形式的并购重组样本；五是剔除其他相关财务数据和公司治理数据缺失的样本。其中，高管声誉综合评价指标体系中的"正面媒体报道频次"数据来自百度新闻搜索引擎，"行业兼任"和"获得荣誉"数据来自年报中"高管个人简历"及各大网站，其他相关数据来自国泰安数据库（CSMAR）以及上市公司公开披露的年报。并购样本数据来自国泰安数据库（CSMAR）中的"并购重组研究数据库"，部分缺失数据来自 Wind 金融数据库以及深圳证券交易所和上海证券交易所网站公告。经过筛选后，本章共得到 13693 个观测值。

5.2.2 变量定义和测度

（1）解释变量：高管声誉（Repu）。国内外学者对高管声誉的度量方法还没有形成统一的观点。本书在 3.1.2 节对高管声誉的测度方式进行了文献梳理。从单一指标测度方法来看，主要包含媒体报道法（Milbourn，2003；

Francis et al.，2008；李辰颖和刘红霞，2013；于佳禾和陈海声，2014；王珍义等，2017）、评选获奖法（Koh，2011；Wade et al.，2006；张天舒和黄俊，2011；陈红等，2013）等。

任何单一维度指标对高管声誉进行评价时都具有一定的片面性和局限性，因此本书采用建立高管综合评价指标体系的方式来对高管声誉进行测量。米尔伯恩（Milbourn，2003）在做实证研究时，采用四个指标衡量 CEO 声誉，分别是 CEO 来源、CEO 任期内经行业调整的企业业绩、道琼斯新检索服务中包含 CEO 姓名和企业相关的文章数量以及 CEO 任期。杨俊杰和曹国华（2016）在米尔伯恩（Milbourn，2003）指标体系基础上，加入了董事长和总经理两职兼任指标，这是因为两职兼任的 CEO 一般能力较强且得到股东会的信任，声誉较好。我国学者徐宁（2018）认为，在制度与文化环境的变化下，需要找到更为契合的测量方式，在对我国部分上市公司高管进行访谈后，被访谈高管普遍认为获得奖励或荣誉（五一劳动奖章、劳动模范、优秀企业家等称号）以及担任行业协会负责人等能够给他们带来声誉激励。刘文楷（2018）在对企业家声誉进行测度时，同样从企业家获得荣誉嘉奖（政府表彰或嘉奖）和荣誉称号（劳动模范、先进个人等）等维度对声誉进行了测量。本书认为，高管任期、来源、两职兼任等指标主要体现了高管在企业内部的声誉，代表的是股东会、董事会等企业内部成员对高管能力、素质等认可，而媒体报道、行业兼任、获奖等更多地体现了高管的社会声誉及影响力。基于本书第 4 章的分析，高管声誉不仅能够发挥治理效应，约束管理者的私利行为，从而得到股东以及董事会的认可，同时还能够发挥资源效应，提高管理者的资源获取能力。而管理者的社会网络丰富度以及在网络中获取资源的能力主要依赖于其外部声誉。因此，本书认为对高管声誉的评价应该将企业内部声誉评价和社会声誉评价结合起来。俞文钊（1993）提出，在中西方企业中，精神激励的表现形式可能有所不同。在我国的制度和文化背景下，来自政府的奖励往往能给经理人带来更好的声誉。因此，考虑到数据的可得性以及本书具体的研究内容，立足于我国本土的实际情况，在借鉴米尔伯恩（Milbourn，2003）、杨俊杰和曹国华（2016）等对高管声誉测度方式基础上，同时参考我国学者徐宁和吴晔玉（2018）、刘文楷（2018）对高管声誉测度的本土化研究，最终本书选取了 CEO 任期、CEO 来源、两职合一、经行业调整的企业业绩、正面媒体报道、政治身份、行业兼任以及获得荣誉八个指标作为衡量高管声誉的分指标，并构建高管声誉评价体系。

CEO 任期：CEO 的任期长，说明经理人的能力得到了董事会以及其他投资者的认可（Milbourn，2003；陈德球等，2011；马彩凤和彭正银，2019），经理人已经在企业内部成功建立了自己的声誉。我国上市公司 CEO 任期一般为 3 年一届，因此如果 CEO 任期超过 3 年，说明 CEO 得到了连任，则认为CEO 声誉较高。

CEO 来源：外聘的经理人往往被认为比内部候选人更具备 CEO 所应具备的能力，也被认为拥有更高的声誉（Himmdberg and Hubbard，2000；Milbourn，2003）。外部继任者会通过嵌入组织间网络，扩大企业和外部的接触（Parrino，1997），带来新的知识和价值，促使企业后续绩效的提高（Huson et al.，2004）。因此，如果 CEO 来自外部聘任，则认为 CEO 声誉水平较高。

两职合一：如果 CEO 同时兼任董事长，那么 CEO 具有较大的权力，同时也具有较高的声誉（Milbourn，2003；杨俊杰和曹国华，2016）。因此，如果 CEO 兼任董事长，则认为 CEO 声誉较高。

经行业调整的企业绩效：企业绩效体现了经理人的真实能力。米尔伯恩（Milbourn，2003）在通过企业绩效对经理人声誉进行衡量时，引入了行业平均收益率来消除行业不景气对经理人声誉的影响。经行业调整的企业绩效越好，那么认为 CEO 声誉水平越高。

正面媒体报道频次：如果经理人在行业中的声誉较高，那么经理人被采访或报道的频次也会较高（Milbourn，2003；Francis，2008）。但由于媒体报道中有 90% 的报道是中性的（刘丽颖，2013），有些报道甚至是负面的，而本书所研究的声誉是正面的社会影响，因此本书将"正面媒体报道频次"作为高管声誉的测度指标。本书首先利用百度新闻的高级搜索功能，对 CEO 姓名、上市公司名称以及年份等进行限定后搜索；其次，对搜索结果中因媒体间引用同一新闻内容导致的重复项进行剔除，对常规的公告、年报等进行剔除，对惩罚、解雇等负面消息进行剔除；最后，根据筛选后的新闻条数作为正面媒体报道频次指标的数值。

政治身份：管理者与其他利益相关者（如政府）的紧密联系是其声誉的

重要来源（金雪军和郑丽婷，2015）。企业管理者的政治关联影响到利益相关者对管理者个人声誉的综合评价（田利辉和张伟，2013）。徐宁（2018）在对我国高管进行采访后发现，担任人大代表、政协委员等经历能给他们带来声誉激励作用。

行业兼任：如果 CEO 兼任相关行业协会、社团等机构的负责人，说明CEO 在行业内得到了其他经理人以及利益相关者的认可，说明其声誉水平较高（徐宁，2018；刘文楷，2018）。

获得荣誉：获得相关的荣誉称号能够直接提高管理者的声誉水平，也是对管理者能力的认可。以往学者在采用"获得荣誉"指标来对管理者声誉进行测量时，其荣誉来源渠道各不相同。本书借鉴徐宁（2018）、刘文楷（2018）等学者的做法，采用是否获得过市级（包括地级市）以上荣誉称号（劳动模范、五一劳动奖章、优秀企业家等）来对该指标进行赋值。

对高管声誉进行衡量时，本书采用上述八个指标得分加总的方式来衡量综合声誉水平（Repu），Repu 的值越大，证明高管的声誉水平越高。高管声誉的综合评价指标体系以及八个分指标的取值方式如表 5 - 1 所示。

表 5 - 1　　　　　　　　　　高管声誉综合评价指标体系

指标	指标名称	赋值说明
高管声誉度量分指标	CEO 任期	如果 CEO 任期大于 3 年，则取值为 1，否则为 0
	CEO 来源	如果 CEO 来自外部聘任，则取值为 1，否则为 0
	两职合一	如果 CEO 兼任董事长，则取值为 1，否则为 0
	经行业调整的企业业绩	如果 CEO 任期内企业平均月度资产收益率大于取消行业影响后的样本平均值，则取值为 1，否则为 0
	正面媒体报道频次	如果 CEO 正面媒体报道次数大于统计年度样本均值，则取值为 1，否则为 0
	政治身份	是否担任市级（包括地级市）以上人大代表、政协委员等，是为 1，否为 0
	行业兼任	是否担任行业协会负责人等，是为 1，否为 0
	获得荣誉	是否获得市级（包括地级市）以上荣誉称号（劳动模范、五一劳动奖章、优秀企业家等），是为 1，否为 0
高管声誉综合指标	对八个分指标得分直接加总，得到积分指标	

（2）被解释变量：并购决策（M_A）。本书所指并购决策（M_A）是指管理者发起并购的可能性。如果上市公司在某一会计年度内至少发起了一次成功的并购交易，那么 M_A 赋值为 1，否则为 0。

（3）调节变量。本章的调节变量为职业生涯阶段和产权性质。

职业生涯阶段。参照李等（Li et al.，2011）以及谢珺和张越月（2015）的研究，本书选取 CEO 的原始年龄作为职业生涯阶段的测度变量，年龄越大意味着职业生涯阶段越靠后。与此同时，本书构造了职业生涯阶段的哑变量（Career）。根据样本企业 CEO 年龄统计特征，如果 CEO 的年龄大于等于 50 岁，那么 Career 的取值为 1，否则为 0。

并购企业产权性质（Soe）。根据并购企业最终控制人性质将样本分为国有上市公司和非国有上市公司，并构造产权性质的虚拟变量 Soe，如果并购企业为国有企业，则 Soe 等于 1，否则为 0。

（4）控制变量。参考以往的研究文献，本书对可能影响企业并购决策的变量进行了控制。

企业规模（Size）。研究发现，相比于小规模企业，规模较大的企业更容易获得低成本的融资，这会导致企业进行更多的并购活动（Banz，1981；Fama and French，1996）。马尔迪埃和泰特（Malmendier and Tate，2008）研究发现企业规模对并购行为具有正向的影响。本书采用并购公告前一年并购企业期末总资产的对数衡量企业规模。

市账比（Pb）。董等（Dong et al.，2006）研究发现，高市账比率与兼并浪潮是一致的。当上市公司的价值被高估的时候，管理者更有可能发起并购。本书将市账比作为控制变量，具体的计算方式为：Pb = 并购前一年并购公司的市场价值/公司权益的账面价值。

自由现金流（Fcf）。詹森（Jensen，1986）认为，如果管理者偏好于掌握企业更多的资产，那么其可能会为了构建企业帝国的私利而将企业的现金流用于非效率的投资。马尔迪埃和泰特（Malmendier and Tate，2011）研究发现，企业内部现金流越充足，则企业越有可能发起并购活动。我国学者姜付秀等（2008）、叶蓓等（2008）也研究发现，企业内部现金流会显著影响企业并购行为。本书采用并购宣告日前一年末的企业自由现金流来作为控制变量，其计算方式为：自由现金流 = 每股自由现金流 × 总股数。

杠杆率（Lev）。哈特和摩尔（Hart and Moore，1995）认为，企业面临的硬债务能够对管理者的投资行为造成约束，企业的财务杠杆和未来的投资增长具有负相关关系。并购活动可能会因为企业的财务困境而减少。强制性的债务偿付会使管理者减少补贴性消费，因此杠杆率高的企业可能会减少其过度投资（Jensen，1986）。乌伊萨尔（Uysal，2011）提出企业过度负债会减少其并购活动。本书采用并购宣告日前一年末的资产负债率来衡量企业的杠杆率（Lev），计算方式为：资产负债率 = 企业负债 ÷ 总资产。

企业成长性（Growth）。考虑到成长性较好的企业更有可能通过发起并购来不断扩大规模，因此借鉴帕加诺等（Pagano et al.，1998）的做法，以并购宣告前一年并购企业主营业务收入增长率来衡量。

第一大股东持股比例（Top1）。掏空理论认为，股东尤其是控股股东会通过并购进行自我交易转移资源，从而对中小股东形成掏空。约翰逊等（Johnson et al.，2000）将控股股东侵占上市公司利益的行为描述为"掏空"战略。该种行为主要表现为自我交易转移资源，例如债务担保、较高的管理层薪酬等，或者通过资产转移达到自身在企业中份额增加的目的，如关联收购等。黄岩和刘淑莲（2013）基于大股东自利动机，研究了存在大股东利益的关联并购事件，发现对绩效较差的公司实行关联并购是大股东的一种利益输送行为。因此，本书将第一大股东持股比例作为控制变量，其计算方式为并购宣告日前一年末第一大股东持股比例。

CEO 持股（Shares）。研究表明，股权激励能够使管理者利益与股东利益趋于一致，激励管理者基于股东利益最大化原则作出风险投资决策（Jensen and Meckling，1976）。埃德曼斯和加贝（Edmans and Gabaix，2011）研究发现，股权激励会促使风险厌恶的 CEO 从事高风险的并购活动。我国学者姚晓林等（2015）以我国上市公司并购事件为样本，研究发现 CEO 股权激励强度越大，其越容易发起并购。因此，本书将 CEO 持股作为控制变量，其计算方式为：并购宣告日前一年末 CEO 持股数量加 1 后的对数。

除了上述变量外，本书还控制了 CEO 性别（Sex）、CEO 年龄（Age）、行业（Industry）、年份（Year）等因素。本章主要变量及定义如表 5 - 2 所示。

表 5 - 2 本章主要变量及定义

变量类别	变量代码	变量描述
因变量	M_A	并购决策，如果上市公司在某一会计年度内至少发起了一次成功的并购交易，那么 M_A 赋值为 1，否则为 0
自变量	Repu	高管声誉，根据高管声誉的综合评价得分衡量，详细评价方法见上文
调节变量	Soe	产权性质，并购企业为国有企业时取值为 1，否则为 0
	Career	CEO 所处职业生涯阶段，如果年龄大于等于 50 岁，则取值为 1，否则为 0
	Age	CEO 年龄
控制变量	Size	企业规模，以企业总资产取对数衡量
	Pb	市账比，并购前一年末并购公司的市场价值与公司权益账面价值的比值
	Lev	杠杆率 = 企业负债 ÷ 总资产
	Growth	企业成长性，以并购前一年并购企业主营业务增长率来衡量
	Fcf	自由现金流，等于每股自由现金流 × 总股数
	Top1	第一大股东持股比例，等于并购前一年末第一大股东持股比例
	Shares	CEO 持股，等于并购前一年末 CEO 持股数量加 1 后的对数
	Sex	CEO 性别，男性取值为 1，否则为 0
	Industry	企业所在行业
	Year	统计年份

5.2.3 模型设定

为了对 H5 - 1、H5 - 2 和 H5 - 3 进行检验，本书设定如下模型：

$$\ln\left(\frac{M\_A}{1 - M\_A}\right) = \alpha_0 + \alpha_1 \times Repu_{i,t-1} + ControlVars$$

$$+ \sum Industry + \sum Year + \varepsilon \qquad (5-1)$$

$$\ln\left(\frac{M\_A}{1 - M\_A}\right) = \beta_0 + \beta_1 \times Repu_{i,t-1} + \beta_2 \times Repu \times Age_{i,t-1} + \beta_3 \times Repu$$

$$\times Career_{i,t-1} + \beta_4 \times Repu \times Soe_{i,t-1}\gamma + ControVar$$

$$+ \sum Industry + \sum Year + \varepsilon \qquad (5-2)$$

其中，M_A 为因变量并购决策，Repu 为自变量高管声誉，Age 为调节变量 CEO 年龄，Career 为调节变量职业生涯阶段，Soe 为调节变量产权性质，ControlVars 代表控制变量，Industry 和 Year 分别代表行业和年份，ε 为残差项。为了减弱变量内生性问题，本书对所有自变量做滞后一期处理。为了消除异常值对检验结果的影响，本书还对所有连续变量进行了 1% 和 99% 水平上的缩尾处理。如果假设 H5-1 成立，则 α_1 的系数应该显著为正；如果假设 H5-2 成立，β_2 和 β_3 的系数应该显著为负；如果假设 H5-3 成立，则 β_4 的系数应该显著为负。

5.3 实证结果

5.3.1 描述性统计

本书对主要变量进行了描述性统计。表 5-3 列示了分类变量的描述性统计结果。从表中可以看出：在统计区间内发起并购的样本企业占比 23.9%，未发起并购的样本企业占比 76.1%。这说明在我国上市公司中并购现象已经较为普遍；样本中国有企业占比 38%，非国有企业样本占比 62%；样本公司中男性 CEO 占比 93.5%，这说明我国上市公司 CEO 以男性为主。表 5-4 列示了连续变量的描述性统计结果，从表中可以看出：高管声誉的均值为 1.882，极差为 6，说明样本企业中高管声誉的差异较大；高管持股比例的标准差为 7.712 且极差为 20.82，这意味着样本企业中 CEO 在持股比例上存在较大差异；CEO 的平均年龄达到了 48.96 岁；第一大股东的持股比例均值为 36.14，标准差为 15.42，这说明样本企业间第一大股东持股比例存在较大差异；企业规模的均值为 21.97，标准差为 1.323，这说明样本中企业规模差异较大；杠杆率的均值为 0.437，标准差达到 0.217，这说明样本企业间的资产结构存在较大差异；自由现金流的均值为 0.003，最小是为 -2.077，最大值为 1.353，这说明样本企业的自由现金流存在差异；市账比的均值为 4.670，这说明样本企业面临着较好的投资机会。

表 5 - 3　　　　　　　　　描述性统计（分类变量）

变量名称	变量分类	分类变量取值	频数	频率（%）
M_A	发生并购	1	3273	23.9
	未发生并购	0	10420	76.1
Sex	男性	1	12803	93.5
	女性	0	890	6.5
Soe	国有企业	1	5203	38
	非国有企业	0	8490	62
Career	CEO 不小于 50 岁	1	6668	48.7
	CEO 小于 50 岁	0	7025	51.3

表 5 - 4　　　　　　　　　描述性统计（连续变量）

变量	观测值	均值	标准差	最小值	中位数	最大值
Repu	13693	1.882	1.008	0	2	6
Pb	13693	4.670	21.89	0	2.734	1000
Fcf	13693	0.003	0.126	-2.077	0.014	1.353
Age	13693	48.96	6.299	27	49	76
Shares	13693	6.602	7.712	0	0	20.82
Growth	13693	0.477	1.474	-0.700	0.124	11.29
Top1	13693	36.14	15.42	8.950	34.29	76.44
Asset	13693	21.97	1.323	14.94	21.79	28.51
Lev	13693	0.437	0.217	0.050	0.426	0.914

5.3.2　相关性分析

表 5 - 5 列示了主要变量的 Pearson 相关性检验结果。结果显示，Repu 与 M_A 的相关系数显著为正，这初步说明高管声誉与并购决策显著正相关，与假设 H5 - 1 预期一致，但还需要加入其他控制变量进一步检验。State 与 M_A 的相关系数显著为负，这说明国有企业的并购倾向更低，相比之下非国有企业的并购活动更为频繁，与上文逻辑相符。Age 与 M_A 的相关系数显著为负，这说明年轻的高管发起并购的可能性更大，年老的高管更加保守。与此同时，FCF、Lev 等变量的系数也较为显著，这说明企业的并购决策受到很多因素的影响。各变量间的相关系数大多小于 0.5，这说明变量间不存在严重的多重共线性问题。

表5－5

主要变量的相关性分析

变量	M_A	Repu	Pb	Fcf	Sex	Age	Shares	Growth	Top1	Soe	Asset	Lev
M_A	1											
Repu	0.024**	1										
Pb	0.00800	-0.00200	1									
Fcf	-0.00100	-0.035**	-0.042***	1								
Sex	0.0230	-0.00400	0.0130	0.00700	1							
Age	-0.042***	0.114***	-0.00800	-0.0110	0.062***	1						
Shares	0.076***	0.145***	-0.037**	0.044***	-0.0120	-0.00300	1					
Growth	0.029**	-0.0110	0.0160	-0.062***	-0.0140	-0.030**	-0.035**	1				
Top1	-0.026*	0.024*	-0.051***	0.076***	-0.00900	0.044***	-0.147***	-0.0180	1			
Soe	-0.115***	-0.140***	-0.043***	0.00300	0.055	0.124***	-0.374***	0.0190	0.196***	1		
Asset	-0.038***	-0.041***	-0.212***	0.072***	0.031*	0.093***	-0.168***	-0.00200	0.252***	0.404***	1	
Lev	-0.046***	-0.057***	0.043***	-0.0160	0.0160	0.0180	-0.249***	0.115***	0.063***	0.309***	0.493***	1

注：*、**、***分别表示在10%、5%、1%的水平上显著。

5.3.3　回归结果分析

　　表5-6列示了高管声誉与并购决策的回归结果。模型（5-1）中仅加入了影响企业并购决策的一系列控制变量进行回归，作为基准模型；模型（5-2）在模型（5-1）基础上加入解释变量 Repu，结果显示 Repu 系数为正且在1%水平上显著为正。这说明企业的高管声誉水平越高，其做出并购决策的可能性越大。如上所述，声誉能够发挥治理效应，激励高管勇于承担风险，从而做出并购决策，同时高管声誉能够帮助企业缓解面临的融资约束，为并购活动提供足够的资金支持，从而促进并购活动的发生。因此，假设 H5-1 得证。

表5-6　　　　　　　　　　　高管声誉与并购决策关系的回归结果

变量	模型（5-1）	模型（5-2）
Repu		0.006 *** (3.11)
Pb	0.000 (0.61)	0.000 (0.61)
Fcf	0.038 ** (2.15)	0.036 ** (2.31)
Sex	0.064 ** (2.53)	0.064 ** (2.53)
Age	-0.002 ** (-2.15)	-0.002 ** (-2.25)
Shares	0.002 ** (2.29)	0.002 ** (2.19)
Growth	0.012 *** (2.71)	0.012 *** (2.72)
Top1	0.000 (0.31)	0.000 (0.27)
Soe	-0.086 *** (-5.64)	-0.084 *** (-5.50)

续表

变量	模型（5-1）	模型（5-2）
Asset	0.013** (2.01)	0.012** (1.99)
Lev	-0.025 (-0.68)	-0.025 (-0.68)
Constant	-0.071 (-0.50)	-0.074 (-0.52)
Industry/Year	Yes	Yes
Observations	13693	13693
Chi2	75.34	75.38

注：括号内为 t 值；**、***分别表示在5%、1%的水平上显著。

表5-7列示了高管声誉与并购决策关系的调节效应检验。模型（5-1）加入职业生涯阶段与高管声誉的交互项 Repu×Age，以此来检验职业生涯阶段对高管声誉与并购决策关系的调节作用。结果显示，Repu×Age 的系数显著为负且通过了10%水平上的显著性检验，这说明处于职业生涯阶段初期的高管其声誉与并购决策的正向关系更显著，这是因为相比于处于职业生涯阶段后期的高管，处于职业生涯初期的高管在投资决策上更加激进，会为了自身职业生涯的发展而更加勇于做出风险决策，这会增强高管声誉对并购决策的正向影响。因此，假设 H5-2 初步得证。为了进一步检验职业生涯阶段对高管声誉与并购决策关系的调节作用，本书选取了高管职业生涯阶段哑变量 Career，来进一步检验高管职业生涯阶段对高管声誉与并购决策关系的影响。模型（5-2）加入交互项 Repu×Career，结果显示，Repu×Career 的系数显著为负，这说明当高管处在职业生涯后期时，高管声誉对并购决策正向影响会减弱。为了检验产权性质对高管声誉与并购决策关系的调节作用，模型（5-3）加入高管声誉与产权性质的交互项 Repu×Soe，结果显示：Repu×Soe 的系数显著为负，这说明相比于国有企业，非国有企业中高管声誉对并购决策的正向影响更强。如上所述，在行政干预下，国有企业中声誉激励的效果难以有效发挥，这会减弱高管声誉与并购决策的正向关系。因此，假设 H5-3 得证。

表 5-7 高管声誉与并购决策关系的调节效应回归结果

变量	模型 (5-1)	模型 (5-2)	模型 (5-3)
Repu	0.002 *** (3.19)	0.002 * (1.85)	0.001 * (1.76)
Repu × Age	-0.000 * (-1.71)		
Repu × Career		-0.001 ** (-2.16)	
Repu × Soe			-0.013 *** (-2.83)
Career		-0.022 (-1.00)	
Shares	0.002 ** (2.50)	0.002 ** (2.49)	0.002 ** (2.43)
Sex	0.068 *** (2.71)	0.062 ** (2.41)	0.067 *** (2.66)
Age	-0.002 ** (-2.40)	-0.001 (-1.04)	-0.002 ** (-2.45)
Soe	-0.081 *** (-5.37)	-0.082 *** (-5.41)	-0.083 *** (-5.44)
Pb	0.000 (0.37)	0.000 (0.34)	0.000 (0.40)
Fcf	0.030 ** (2.18)	-0.029 (-0.59)	0.029 ** (2.15)
Growth	0.012 *** (2.72)	0.012 *** (2.71)	0.012 *** (2.71)
Top1	0.000 (0.65)	0.000 (0.63)	0.000 (0.60)
Asset	0.009 (1.36)	0.008 (1.35)	0.009 (1.42)
Lev	-0.016 (-0.45)	-0.015 (-0.42)	-0.017 (-0.47)

变量	模型 (5-1)	模型 (5-2)	模型 (5-3)
Constant	-0.041 (-0.29)	-0.076 (-0.52)	-0.042 (-0.30)
Industry/Year	Yes	Yes	Yes
Observations	13693	13693	13693
Chi2	76.01	76.11	75.56

注：括号内为 t 值；＊、＊＊、＊＊＊分别表示在10%、5%、1%的水平上显著。

控制变量方面：CEO持股比例与企业并购决策显著正相关，这证明高管持股能够有效激励管理者勇于承担风险，提高企业并购决策可能性；自由现金流的系数显著为正，这说明企业的自由现金流越大，越容易发起并购。企业规模的系数显著为正，这说明企业的规模越大，越容易发起并购，这是因为规模越大的企业面临更少的融资约束，有更充足的并购资金支持。高管性别的系数显著为正，这说明相比于女性高管，男性高管更容易发起并购。

5.4 进一步分析：高管声誉影响并购决策的作用机制

如上所述，高管声誉对并购决策的影响，一方面是通过治理效应，激励管理者降低风险规避，勇于做出并购决策；另一方面是通过资源效应，帮助企业降低融资约束，为并购活动提供足够的资金支持，从而促进并购决策。从高管声誉的资源效应视角出发，本书将检验当企业面临不同的融资约束时，高管声誉与并购决策的关系是否会发生变化。

融资约束的测量。国内外学者对融资约束的测度方式较多，主要包含：①单指标量化法，主要从股利支付率（Fazzari and Petersen，1993）、利息保障倍数（Guariglia，1999）、企业规模（Whited，1992；Athey and Laumas，1994）等角度来衡量企业融资约束。②多指标构建指数法，即运用多元回归方程构造相关的指数来对融资约束进行测度，主要包含KZ指数（Kaplan and Zingales，1997）、WW指数（Whited and Wu，2006）、SA指数（Hadlock and Pierce，2010）等。③模型量化法，该方法由法扎里等（Fazzari et al.，1988）

提出，主要通过企业的投资——现金流敏感度来刻画企业面临的融资约束，其基本思路是：在完美的资本市场中，企业的投资与公司内部财务状况无关，因此可以利用现金流对投资支出的系数的显著性来测度企业面临的融资约束水平。

本书采用多指标构建指数法来测度融资约束。具体来说是借鉴拉蒙特（Lamont，2001）以及顾群等（2012）的方法，采用 Logit 回归模型构建融资约束指数。首先，选取利息保障倍数作为企业所受融资约束的替代变量，并对研究样本进行预分组处理；然后根据以往企业融资约束影响因素的相关研究，选取了资产负债率（Lev）、净资产收益率（Roe）、财务冗余（Slack）以及流动比率（LB）四个变量作为指数拟合指标；其次，根据模型（5-2）构建 Logistic 回归模型，根据预分组样本进行模型拟合；最后，根据拟合得出的相关系数求得所有样本的相应的融资约束值（FC）。

$$FC = \beta_0 + \beta_1 \times Lev + \beta_2 \times Roe + \beta_3 \times Slack + \beta_4 \times LB \qquad (5-3)$$

表 5-8 列示了在不同的融资约束水平下高管声誉与并购决策关系的关系。结果显示：Repu × FC 的系数显著为正，这说明当企业面临较大的融资约束时，高管声誉对并购决策的正向影响较大，这意味着在企业面临较大的融资约束时，高管声誉对并购决策的边际影响越大，这间接证明了高管声誉能够通过降低企业面临的融资约束来提高企业并购的可能性。

表 5-8　　　　　　　不同融资约束情景下高管声誉与并购决策的关系

变量	模型（5-1）	模型（5-2）
Repu	0. 002 ** (2. 33)	0. 002 * (1. 81)
Repu × FC		0. 002 *** (2. 91)
FC	-0. 012 (-1. 55)	-0. 012 (-1. 60)
Shares	0. 002 ** (2. 54)	0. 002 ** (2. 55)

续表

变量	模型（5-1）	模型（5-2）
Sex	0.070 ***	0.070 ***
	(2.79)	(2.79)
Age	-0.002 **	-0.002 **
	(-2.40)	(-2.37)
Soe	-0.081 ***	-0.081 ***
	(-5.36)	(-5.36)
Pb	0.000	0.000
	(0.54)	(0.51)
Fcf	0.040 **	0.040 **
	(2.18)	(2.17)
Growth	0.012 ***	0.012 ***
	(2.66)	(2.66)
Top1	0.000	0.000
	(0.63)	(0.62)
Asset	0.008	0.008
	(1.23)	(1.22)
Lev	-0.051	-0.050
	(-1.21)	(-1.20)
Constant	-0.008	-0.008
	(-0.05)	(-0.05)
Industry/Year	Yes	Yes
Observations	13693	13693
Chi2	75.01	75.31

注：括号内为 t 值；*、**、*** 分别表示在10%、5%、1%的水平上显著。

5.5 稳健性和内生性检验

前文在进行回归分析时，已经通过对变量滞后一期的方式减弱了内生性问题，同时通过构建声誉综合评价指标体系的方式也进一步减弱了内生性问题。为了进一步增强本书检验结果的稳健性，本书继续进行如下检验。

前文采用声誉综合评价体系各指标得分的加总（积分变量）来衡高管声誉水平的高低。为了增强检验结果的稳健性，本书继续采用主成分分析法确定的高管声誉水平（Repu_P）来进行回归检验。具体是对前文高管声誉综合评价体系的八个指标进行主成分分析，分析结果显示球形（Bartlett）在1%水平上显著，KMO值为0.69，这说明指标体系较为适合进行主成分分析，根据主成分特征值提取了3个主成分，然后根据各个指标的成分得分矩阵系数以及各个主成分的方差贡献率确定最终高管声誉水平（Repu_P）综合得分。采用主成分分析法测得高管声誉（Repu_P）之后，将其放入前文的回归方程中进行检验，回归结果如表5-9所示。从检验结果可以看出，Repu_P与M_A的相关系数显著为正，Repu_P×Age的系数显著为负，Repu_P×Career的系数显著为负，Repu_P×Soe的系数显著为负，Repu_P×FC的系数显著为正，检验结果与前文回归结果无实质性差异。

表5-9　　采用主成分分析测度高管声誉（Repu_P）的稳健性检验结果

变量	模型（5-1）	模型（5-2）	模型（5-3）	模型（5-4）	模型（5-5）
Repu_P	0.004 *** (2.92)	0.003 *** (2.89)	0.004 * (1.82)	0.001 (1.11)	0.003 ** (2.26)
Repu_P × Age		-0.001 * (-1.80)			
Repu_P × Career			-0.002 ** (-2.28)		
Repu_P × Soe				-0.024 *** (-2.97)	
Repu_P × FC					0.002 ** (2.16)
Career			-0.022 (-1.00)		
FC					-0.012 (-1.45)
Shares	0.002 ** (2.53)	0.002 ** (2.51)	0.002 ** (2.52)	0.002 ** (2.49)	0.002 ** (2.57)

变量	模型（5-1）	模型（5-2）	模型（5-3）	模型（5-4）	模型（5-5）
Sex	0.068***	0.069***	0.062**	0.068***	0.070***
	(2.72)	(2.73)	(2.42)	(2.69)	(2.79)
Age	-0.002**	-0.002**	-0.001	-0.002**	-0.002**
	(-2.40)	(-2.42)	(-1.02)	(-2.42)	(-2.39)
Soe	-0.082***	-0.082***	-0.083***	-0.082***	-0.082***
	(-5.41)	(-5.41)	(-5.46)	(-5.44)	(-5.41)
Pb	0.000	0.000	0.000	0.000	0.000
	(0.36)	(0.36)	(0.34)	(0.39)	(0.54)
Fcf	0.030**	0.030**	-0.030	0.029**	-0.041
	(2.30)	(2.30)	(-0.60)	(2.29)	(-0.81)
Growth	0.012***	0.012***	0.012***	0.012***	0.012***
	(2.72)	(2.72)	(2.71)	(2.70)	(2.66)
Top1	0.000	0.000	0.000	0.000	0.000
	(0.65)	(0.66)	(0.63)	(0.62)	(0.63)
Asset	0.008	0.008	0.008	0.009	0.008
	(1.35)	(1.35)	(1.34)	(1.40)	(1.22)
Lev	-0.016	-0.016	-0.015	-0.017	-0.051
	(-0.43)	(-0.43)	(-0.41)	(-0.46)	(-1.20)
Constant	-0.037	-0.036	-0.073	-0.041	-0.005
	(-0.26)	(-0.26)	(-0.50)	(-0.29)	(-0.03)
Industry/Year	Yes	Yes	Yes	Yes	Yes
Observations	13693	13693	13693	13693	13693
Chi2	75.11	74.98	75.31	75.06	75.57

注：括号内为 t 值；*、**、*** 分别表示在 10%、5%、1% 的水平上显著。

5.6　本章小结

本章以 2009~2016 年我国 A 股上市公司为样本，检验了高管声誉对并购决策的影响，同时检验了职业生涯阶段、产权性质对高管声誉与并购决策关系的调节效应，基于融资约束的视角，本章还检验了高管声誉影响并购决策的作用机制。本章的研究结论如下：一是高管声誉与并购决策呈正相关关系，这说明拥有较高声誉水平的高管所在的企业发起并购的可能性更大，这意味着声誉能够激励高管勇于做出风险决策。二是在职业生涯初期，高管声誉与并购决策的正向关系更显著，这说明在不同的职业生涯阶段高管声誉对并购决策的影响具有差异性。三是相比于国有企业，在非国有企业中高管声誉对并购决策的正向影响更强，这说明国有企业中的行政干预导致高管声誉激励机制难以发挥。四是立足于融资约束视角，检验了在不同融资约束强度下高管声誉与并购决策的关系，发现当企业面临较强的融资约束时，高管声誉对并购决策的正向影响更大，这间接说明高管声誉能够通过缓解企业面临的融资约束来提高企业发起并购的可能性。

本章研究具有重要的理论意义和现实意义。从理论意义上来讲，本章从企业并购决策视角探究了高管声誉在公司治理中的作用，丰富了高管声誉的相关研究和企业并购决策影响因素的相关研究。从现实意义上来讲，本章的研究结果证实在中国本土的社会文化背景下，高管声誉具有显著的激励作用，能够缓解经理人风险规避引起的代理问题，提升企业并购的可能性，这对企业通过聘用合适的高管人选、完善公司治理机制以及提升企业风险承担水平具有重要的参考价值。

对于本书整体研究来讲，本章的研究结果为全文研究奠定了研究基础，为第 6 开展高管声誉与并购溢价关系研究、第 7 章开展高管声誉与并购绩效关系研究提供了基本出发点。因此，从全书研究思路和框架来讲，本章研究同样具有十分重要的意义。

| 6 |

高管声誉对并购溢价影响的实证分析

第5章的研究结果表明，高管声誉对并购决策具有正向影响，即拥有较高声誉的高管更容易发起并购。在企业决定发起并购之后，确定并购定价是整个并购过程中的重要环节。如果并购公司支付过高的价格，那么并购企业的股东利益就会受到损害，同时过高的并购溢价还会给并购公司带来财务上的风险，影响整个并购的最终效果。因此，本章在第5章基础上，继续检验高管声誉对并购溢价的影响，同时检验高管声誉影响并购溢价的机制以及职业生涯阶段、产权性质等因素对高管声誉与并购溢价关系的调节作用，进一步丰富本书的研究体系。

6.1　理论分析与研究假设

并购溢价是指并购企业为标的支付的价格与标的本身的内在价值（并购宣布前标的的市场价值）之间差额的百分比。并购溢价存在着较大的不确定性，而已有研究指出在并购过程中支付较高的并购溢价会降低并购之后的协同效应，这是导致并购失败的重要原因之一（Sirower，1997；Hunter and Jagtiani，2003；扈文秀和贾丽娜，2014）。

以往研究从不同维度解释了影响并购溢价水平的因素，主要包含以下几个方面：一是预期的协同效应。并购公司之所以愿意为目标公司支付较高的并购溢价，是因为并购公司认为并购之后会产生经营协同效应以及财务协同效应等，而这些协同效应能够提升并购公司的价值，因此并购企业为了实现预期的协同效应而对目标企业支付一定的并购溢价。二是市场竞价理论，该理论认为随着市场中参与并购的竞争者数量增多，并购企业的议价能力会被削弱，对目标企业控制权的争夺会不断提高对目标企业的出价，最终导致过高的并购溢价（Slusky and Caves，1991）。三是信息不对称理论，该理论认为在现实的资本市场中，信息完全透明的环境是不存在的，因此在并购过程中并购企业与目标企业之间存在着信息不对称的问题。由于无法完全了解目标公司的内部信息，并购企业只能通过已有的部分信息和自己的判断确定一定的支付价格，因此在信息不对称的情形下并购企业可能会为了获取目标企业的控制权而过度支付（Barney，1988）。四是管理者过度自信理论，该理论认为在收购其他公司时，管理者如果存在过度自信心理，就会高估并购所能带来的协同效应，同时低估并购可能存在的风险，从而导致对目标企业支付过高的溢价（Roll，1986）。

高管声誉通过治理效应和资源效应对并购溢价产生影响。

高管声誉能够发挥治理效应，缓解管理者在并购行为中的控制权私利行为，降低并购溢价。并购是一个需要进行尽职调查、谈判协商等一系列活动的过程。作为并购行为的主要参与者，管理者能否基于股东利益最大化原则尽可能地降低并购溢价是并购为公司股东创造价值的关键因素，但基于委托代理理论，管理者在调查和谈判过程中，可能会出于私利（通过扩大企业规模获取权力、薪酬、地位等）而做出偏离企业价值和股东利益最大化的决策，管理者可能会为了顺利实现并购而支付过高的并购溢价。施莱弗和维什尼（Shleifer and Vishny，1988）提出，管理者在并购中支付过高的溢价并非是由于估价错误，而是因为管理者想要通过非股东利益最大化的并购活动获取个人私利。我国学者李梦瑶（2014）研究发现，管理者为了实现企业业绩的快速增长并以此来通过股东的考核，在并购活动中并不会过多考虑可能存在的风险，而是倾向于支付过高的并购溢价来促使并购顺利完成。高管声誉是一种缓解并购活动中管理者控制权私利行为的有效方式。法玛（Fama，1980）认为，在管理者行为无法被有效的观测时，声誉能够有效缓解长期博弈下的代理问题。较高的并购溢价会损害企业价值以及股东利益，同时可能会造成并购失败，导致管理者被董事会和股东问责，造成声誉受损，因此管理者出于对自身职业生涯发展以及市场声誉考虑，在并购活动中会对目标企业进行细致的调研和研究，同时在谈判时会基于股东利益最大化原则努力降低并购溢价。较低的并购溢价不仅能够有效防范并购失败的可能性，同时也会得到经理人市场的认可，从而有利于管理者声誉的提高。

高管声誉能够发挥资源效应，降低并购过程中并购方和目标方的信息不对称程度，从而降低并购溢价。并购交易双方的信息不对称问题是造成并购溢价存在不确定性的重要原因（Cukurova，2015）。由于信息不对称的存在，并购公司并不能获取大量真实的目标公司的相关信息，这导致并购公司难以对目标公司进行合理的估价。声誉是一种长期生存的无形资产（Kreps，1982；Gaines-Ross，2000），拥有较高声誉的管理者获取外界资源的能力更大。具体而言，管理者声誉越高，其社会影响力越大、社会地位越高以及社会关系网络越丰富，可以获取的资源就越多（孙俊华和陈传明，2009），获取信息的能力也越强（王晗和陈传明，2015）。拥有较高声誉的管理者可以通过自身的社会网络和关系获取目标公司的内部真实经营信息，从而在谈判中对目标公司进行合理的估值，降低并购溢价。因此，本书提出假设：

H6-1：高管声誉对并购溢价具有负向影响。

管理者所处的职业生涯阶段会影响高管声誉与并购溢价的关系。一方面，相比于年轻的管理者，年老的管理者经验更加丰富，可能遇到过类似的并购事件，从而会根据以往的并购经验以及类似的并购事件对目标企业的价值进行合理的评估，从而降低高并购溢价的可能性。与此同时，相对于年轻的管理者，年老的管理者对目标公司进行估价时也会更加谨慎。普伦德加斯特和斯托勒（Prendergast and Stole，1996）从学习能力视角研究了管理者的投资行为，研究发现管理者为了凸显自己的学习能力，往往会夸大对新信息的反应，在投资上更加激进和大胆，而相比之下年老的 CEO 在做投资决策时会更加保守。因此，年轻的管理者可能为了急于促成并购交易而支付过高的并购溢价，而年老的管理者则在确定并购溢价的过程中更加谨慎，避免因支付过高的并购溢价而遭到董事会以及股东会的问责。另外，一般而言，相比于较年轻的管理者，年老的管理者的社会资本要更加丰富，其可获取的社会资源也越多。张进华（2010）研究发现，年长的管理者可依赖的经验资源和社会关系网络更加丰富，这些隐性资源可以帮助企业从网络关系中获取关键资源，同时年长的管理者获取的信息质量更高，从而甄别可能产生的风险。因此，年长的管理者能够获取更多的目标企业的相关信息，降低并购中的信息不对称，从而降低并购溢价。由以上分析可以推论出，处于职业生涯后期的管理者，高管声誉对并购溢价的抑制作用更大。因此，本书提出假设：

H6-2：在职业生涯后期，高管声誉对并购溢价的负向影响更强。

如上所述，国有企业与非国有企业在投资决策、管理者激励以及公司治理机制上都存在着显著的差异，这会对高管声誉与并购溢价的关系产生影响。一是相比于非国有企业，国有企业中具有更加复杂的委托代理关系，在实质上存在"所有者缺位"的事实，这会导致企业内部监督效率低下，内部人控制现象严重。在内部人控制的情形下，即便对目标公司支付了过高的溢价造成企业价值和股东利益受损，管理者也不会受到相应的惩罚和追责，因此在公司治理机制还不完善的国有企业中，高管声誉对并购溢价的抑制作用会减弱。二是国有控股企业为了达成并购往往会支付过高的溢价。戈尔伯曼和夏皮罗（Globerman and Shapiro，2009）提出非商业目的会刺激国有企业的并购行为，从而做出对企业价值影响尚不确定的并购活动。三是国有企业高管任免、考核等都难以完全市场化，管理者声誉机制很难发挥有效的作用。于佳禾和陈海声（2014）认为，CEO声誉对国有企业中管理者的激励作用还没有发挥出来。因此，本书提出假设：

H6-3：相比于国有企业，非国有企业中高管声誉对并购溢价的负向影响更强。

高管声誉影响并购溢价的作用机制如图6-1所示。

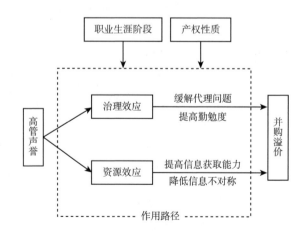

图6-1　高管声誉影响并购溢价的作用机制

6.2 研究设计

6.2.1 样本选择和数据来源

本章以 2009～2016 年我国 A 股上市公司发生的并购事件为初始样本。样本按照下列规则进行筛选：一是剔除金融类上市公司样本；二是剔除交易状态为 ST 和 PT 的上市公司样本；三是剔除并购交易失败的样本；四是剔除交易金额小于 500 万元的样本；五是剔除交易类型为"债务重组、资产置换、资产剥离以及股份回购"等形式的并购重组样本；六是剔除并购溢价无法计算的样本；七是剔除其他相关财务数据和公司治理数据缺失的样本。其中，高管声誉综合评价指标体系中的"正面媒体报道频次"数据来自百度新闻搜索引擎，"行业兼任"和"获得荣誉"数据来自年报中"高管个人简历"及各大网站，其他相关数据来自国泰安数据库（CSMAR）以及上市公司公开披露的年报。并购样本数据来自国泰安数据库（CS-MAR）中的"并购重组研究数据库"，部分缺失数据来自 Wind 金融数据库以及深圳证券交易所和上海证券交易所网站公告。经过筛选后，本章共得到 4517 个观测值。

6.2.2 变量定义和测度

（1）被解释变量：并购溢价（Pre）。目前，国内外学者主要采取两种方法来衡量并购溢价，一种是基于目标公司股价的市场测量法，该种方法下并购溢价的计算方式为：并购溢价 =（每股收购价格 - 每股市值）/每股市值。这种方法主要被国外学者所采用（Barclay and Holderness，1989；Kim et al.，2011；Cai and Sevilir，2012），但是这种方法在国内并不适用，这是因为我国的制度环境较为复杂且资本市场还不成熟，很多因素（政府干预、壳资源的稀缺性、市场投资者的投机炒作等）会造成股价的波动，同时我国上市公司并购主要采取协议转让的方式，而在这种方式下对并购溢价谈判的基准是以目标公司净资产的账面价值为准。因此，考虑到国内并购交易市场的特殊性，国内学者在对并购溢价进行测算时常采用另外一种方法：基于目标公司账面价值的测量方法（唐宗明，2002；陈仕华等，2015；陈仕华和李维安，2016）。其计算公式为：并购溢价＝（交易价值－目标公司账面价值）/目标公司账面价值。基于以上分析，本书采用基于目标公司账面价值的测度方法。

（2）解释变量：高管声誉（Repu）。高管声誉的度量与第5章相同，通过构建高管声誉综合评价指标体系来度量。Repu值越大，代表高管声誉水平越高。具体测度方法见第5章。

（3）调节变量：本章的调节变量为职业生涯阶段和并购企业产权性质。

职业生涯阶段。参照Li等（2011）以及谢珺和张越月（2015）的研究，本书选取CEO的原始年龄作为职业生涯阶段的测度变量，年龄越大意味着职业生涯阶段越靠后。与此同时，本书构造了职业生涯阶段的哑变量（Career）。根据样本企业CEO年龄统计特征，如果CEO的年龄大于等于50周岁，那么Career的取值为1，否则为0。

并购企业产权性质（Soe）。根据并购企业最终控制人性质将样本分为国有上市公司和非国有上市公司，并构造产权性质的虚拟变量Soe，如果并购企业为国有企业，则Soe等于1，否则为0。

（4）控制变量。参考前人的研究，本书控制了可能影响并购溢价的相关因素。

市账比（Pb）。施莱弗和维什尼（Shleifer and Vishney，2003）提出，目光短浅的目标公司会接受定价过高的并购者的股票。罗德·克罗夫和维斯瓦纳坦（Rhodes Kropf and Viswanathan，2004）认为，目标公司可能会过高估计并购后产生的协同效应，因而会从定价过高的并购竞争者那里接受更高的支付价格。本书将市账比作为控制变量，具体的计算方式为：Pb＝并购前一年并购公司的市场价值/公司权益的账面价值。

自由现金流（Fcf）。詹森（Jensen，1986）认为，如果管理者偏好于掌握企业更多的资产，那么其可能会为了构建企业帝国的私利而将企业的现金流用于非效率的投资。他还发现，当企业自由现金流较为充足时，管理者对目标公司过度支付的可能性更大。我国学者姜付秀等（2008）、叶蓓等（2008）也研究发现，企业内部现金流会显著影响企业并购行为。本书采用并购宣告日前一年末的企业自由现金流作为控制变量，其计算方式为：自由现金流＝每股自由现金流×总股数。

支付方式（Paymethod）。在并购活动中，主要存在现金支付和股票支付两种支付方式。以往研究发现，相比于股票支付，现金支付方式对并购溢价的正向影响更大（Huang and Walkling，1987；Savor and Lu，2009），但也有学者研究发现，由于现金支付提高了并购成功的可能性，减少了报价竞争，因此现金支付方式下并购溢价更低（Slusky and Caves，1991；George Alexandridis et al.，2013）。本书将并购的支付方式作为控制变量，当支付方式为现金支付时，Paymethod 赋值为 1，否则为 0。

相对交易规模（Dealsize）。以往研究发现，交易规模较大的并购代理问题可能更加严重，管理者会为了获取私利而支付更多的溢价（Grinstein and Hribar，2004；Harford and Li，2006）。但也有学者研究发现并购交易规模越大，过度支付的可能性越小（Gorton et al.，2009）。因此，本书将相对交易规模作为控制变量，计算方式为：相对交易规模＝并购交易价值/并购前一年并购公司的总资产。

杠杆率（Lev）。哈特和摩尔（Hart and Moore，1995）认为，企业面临的硬债务能够对管理者的投资行为造成约束，企业的财务杠杆和未来的投资增长具有负相关关系。并购活动可能会因为企业的财务困境而减少。强制性的债务偿付会使管理者减少补贴性消费，因此杠杆率高的企业可能会减少其过度投资（Jensen，1986）。乌伊萨尔（Uysal，2011）提出企业过度负债会减少其并购活动。本书采用并购宣告日前一年末的资产负债率来衡量企业的杠杆率（Lev），计算方式为：资产负债率＝企业负债/总资产。

第一大股东持股比例（Top1）。本书将第一大股东持股比例作为控制变量，其计算方式为并购宣告日前一年末第一大股东持股比例。

CEO 持股（Shares）。研究表明，股权激励能够使管理者利益与股东利益趋于一致，激励管理者基于股东利益最大化原则作出风险投资决策（Jensen and Meckling，1976）。斯拉斯基和克夫（Slusky and Caves，1991）研究发现，股权激励能够减少管理者对目标公司的过度支付。但也有少数学者得出了相反的结论，如恩迪恩西里等（Dhiensiri et al.，2011）研究发现高权益薪酬的企业会支付更高的控制权溢价。因此，本书将 CEO 持股作为控制变量，其计算方式为：并购宣告日前一年末 CEO 持股数量加 1 后的对数。

除了上述变量，本书还控制了 CEO 性别（Sex）、CEO 年龄（Age）、行业（Industry）、年份（Year）等因素。本章主要变量及定义见表 6-1。

表 6-1　　　　　　　　　　　本章主要变量及定义

变量类别	变量代码	变量描述
因变量	Pre	并购溢价，等于（交易价值 - 目标公司账面价值）/目标公司账面价值
自变量	Repu	高管声誉，根据高管声誉的综合评价得分衡量，详细评价方法见第 5 章
调节变量	Soe	产权性质，国有企业取值为 1，否则为 0
	Career	CEO 所处职业生涯阶段，如果 CEO 年龄大于等于 50 岁，那么取值为 1，否则为 0
	Age	CEO 年龄
控制变量	Size	企业规模，以企业总资产取对数衡量
	Paymethod	支付方式，如果为现金支付，则取值为 1，否则为 0
	Dealsize	相对交易规模，等于并购交易规模/并购企业上一年年末资产
	Pb	市账比，并购前一年并购公司的市场价值与公司权益账面价值的比值
	Lev	杠杆率，等于企业负债除以总资产
	Fcf	自由现金流，等于每股自由现金流×总股数
	Growth	企业成长性，以并购前一年并购企业主营业务增长率来衡量
	Top1	第一大股东持股比例，等于年末第一大股东持股比例
	Shares	CEO 持股，等于年末 CEO 持股数量加 1 后的对数
	Sex	CEO 性别，男性取值为 1，否则为 0
	Indus	企业所在行业
	Year	统计年份

6.2.3　模型设计

为了检高管声誉与并购溢价的关系，以及职业生涯阶段、产权性质对高管声誉与并购溢价关系的调节作用，本章建立如下模型：

$$Pre_{i,t} = \alpha_0 + \alpha_1 \times Repu_{i,t-1} + ControlVars + \sum Industry + \sum Year + \varepsilon$$

$$(6-1)$$

$$Pre_{i,t} = \beta_0 + \beta_1 \times Repu_{i,t-1} + \beta_2 \times Repu \times Age_{i,t-1} + \beta_3 \times Repu \times Career_{i,t-1}$$
$$+ \beta_4 \times Repu \times Soe_{i,t-1} + ControlVars + \sum Industry + \sum Year + \varepsilon$$
$$(6-2)$$

在模型（6-1）和模型（6-2）中，Pre 代表并购溢价，$Repu$ 为高管声誉，$Career$ 代表职业生涯阶段，Age 代表 CEO 年龄，Soe 代表并购企业的产权性质，$ControVar$ 代表控制变量，$Industry$ 和 $Year$ 分别代表行业和年份，ε 为残差项。如果假设 H1 成立，那么 α_1 的系数应该显著为负；如果假设 H6-2 成立，β_2 和 β_3 的系数应该显著为负；如果假设 H6-3 成立，β_4 的系数应该显著为正。为了减弱变量内生性问题，本书对所有自变量做滞后一期处理。为了消除异常值对检验结果的影响，本书对所有连续变量进行了 1% 和 99% 水平上的缩尾处理。

6.3　实证结果

6.3.1　描述性统计

（1）全样本描述性统计。

本书对主要变量进行了描述性统计分析。表 6-2 列示了分类变量的描述性统计结果：在所有并购样本中，采用现金支付的并购事件占 61.4%，这说明在我国并购市场中现金支付是主要的支付方式；并购事件中，非国有企业占比 70%，这说明非国有企业更倾向于发起并购。表 6-3 列示了连续变量的描述性统计结果，结果表明：①并购溢价的均值为 4.33，这说明我国上市公司并购事件中高并购溢价现象比较普遍。②高管声誉的均值为 1.908，标准差为 1.039，这说明样本企业中高管声誉水平具有较大的差异；③第一大股东持股比例均值为 35.76，最大值为 73.33，这说明我国上市公司大股东持股比例普遍较高，股权较为集中；④CEO 持股比例均值为 7.582，最小值为 0，这说明我国上市公司 CEO 持股比例普遍较低，股权激励现象还不普遍；⑤自由现金流的均值为 0.003，这说明样本公司的自由现金流相对较为充足；⑥杠杆率的均值为 0.429，标准差为 0.210，这说明样本企业的资产结构存在较大差异；其他指标无明显异常。

表 6-2　　　　　　　　　描述性统计（分类变量）

变量名	变量分类	分类变量取值	频数	频率（%）
Paymethod	现金支付	1	2773	61.4
	非现金支付	0	1744	38.6
Sex	男性	1	4260	94.3
	女性	0	257	5.7
Soe	国有企业	1	1355	30
	非国有企业	0	3162	70
Career	CEO 不小于 50 岁	1	2236	49.5
	CEO 小于 50 岁	0	2281	50.5

表 6-3　　　　　　　　　描述性统计（连续变量）

变量	观测值	均值	标准差	最小值	中位数	最大值
Pre	4517	4.330	6.550	-5.754	1.939	33.78
Repu	4517	1.908	1.039	0	2	5
Dealsize	4517	0.295	0.639	0.001	0.059	4.074
Pb	4517	3.736	2.634	0.713	2.966	14.33
Fcf	4517	0.003	0.108	-0.367	0.016	0.277
Age	4517	48.51	6.312	32	49	65
Shares	4517	7.582	7.909	0	0	19.20
Growth	4517	0.590	1.650	-0.555	0.153	11.29
Top1	4517	35.76	14.82	9.230	34.20	73.33
Asset	4517	21.94	1.252	19.60	21.72	25.86
Lev	4517	0.429	0.210	0.050	0.422	0.891

（2）分组均值/中位数检验。

为了直观地表现不同高管声誉水平下并购企业的并购溢价差异，本书按照高管声誉水平的高低，将样本分为了低声誉水平组和高声誉水平组，并对两组样本进行了组间的均值和中位数差异性检验。具体来说，由于高管声誉水平 Repu 的均值为 2.88，因此将高管声誉水平为 0、1、2 的样本定义为低声誉水平组，将高管声誉水平取值为 3、4、5、6 的样本定义为高声誉水平组。表 6 - 4 给出了两组样本并购溢价的组间差异检验统计结果，结果表明：高声誉组样本的并购溢价均值和中位数均显著低于低声誉样本组。这符合本书的假设预期，初步验证了假设 H6 - 1，但这仅仅是从统计规律上得出的结论，当综合考虑其他因素对并购溢价的影响时，需要下文通过回归分析进一步检验。

表 6 - 4　　　　　　　　　均值/中位数分组检验（并购溢价）

统计	低声誉水平	高声誉水平	t/z 统计量
均值	5. 021	4. 057	2. 128 **
中位数	2. 15	1. 83	2. 054 **
观测值	3306	1211	

注：** 表示在 5% 水平上显著。

6.3.2　相关性分析

表 6 - 5 列示了本章主要变量的相关性分析。Repu 的系数显著为负，这说明并购溢价与高管声誉显著负相关，初步验证了假设 H6 - 1；Dealsize、Paymethod、Shares、Top1 等变量的系数也较为显著，这说明并购溢价会受较多因素的影响。各变量间的相关系数大多小于 0. 5，这说明变量间不存在严重的多重共线性问题。

6.3.3　回归结果分析

表 6 - 6 列示了高管声誉与并购溢价关系的回归结果。模型（6 - 1）中仅加入了影响企业并购溢价的一系列控制变量进行回归，作为基准模型；模型（6 - 2）在模型（6 - 1）基础上加入解释变量 Repu，结果显示 Repu 系数为正且在 5% 水平上显著为负。这说明并购企业的高管声誉水平越高，并购溢价程度越低。如上所述，声誉能够发挥治理效应，激励高管在并购过程中努力对目标企业进行调查和分析，在谈判过程中努力降低支付价格，同时声誉较高的高管信息资源获取能力较强，能够利用自身的社会网络获取大量关于目标企业的内部信息，降低信息不对称程度，从而降低并购溢价。因此，假设 H6 - 1 得证。

表 6 - 5

主要变量的相关性分析

变量	Pre	Repu	Dealsize	Paymet ~ D	Pb	Fcf	Sex	Age	Shares	Growth	Top1	Soe	Asset	Lev
Pre	1													
Repu	-0.081***	1												
Dealsize	0.242***	-0.0100	1											
Paymethod	-0.209***	-0.00900	-0.358***	1										
Pb	0.150***	0.073***	0.215***	-0.090***	1									
Fcf	0.0220	-0.0120	-0.0310	0.040*	-0.046*	1								
Sex	-0.0310	0.078***	-0.0380	0.00700	-0.0250	-0.0130	1							
Age	-0.0380	0.102***	-0.00700	-0.061**	-0.119***	0.042*	0.143***	1						
Shares	0.082***	0.162***	-0.056**	-0.0380	0.077***	0.095***	-0.00300	0.042*	1					
Growth	0.056**	-0.0110	0.00500	0.051**	0.073***	-0.0270	0.0370	-0.065***	-0.096***	1				
Top1	-0.056**	0.0200	-0.053***	0.071***	-0.152***	0.082***	0.0280	0.065***	-0.128***	0.0100	1			
Soe	0.184	-0.162***	-0.143***	0.049**	-0.229***	0.0260	0.073***	0.191***	-0.286***	0.054**	0.182***	1		
Asset	-0.231***	-0.079***	-0.356***	0.207***	-0.459***	0.0330	0.043*	0.126***	-0.222***	0.00600	0.245***	0.498***	1	
Lev	-0.160***	-0.062***	-0.110***	0.076***	-0.109***	-0.0180	0.00300	0.00500	-0.292***	0.148***	0.089***	0.340***	0.544***	1

注：*、**、***分别表示在10%、5%、1%水平上显著。

表 6 – 6	高管声誉与并购溢价关系的回归结果	
变量	模型 (6 – 1)	模型 (6 – 2)
Repu		− 0. 105 ** (− 2. 18)
Shares	0. 024 (1. 11)	0. 022 (1. 01)
Sex	− 0. 557 (− 0. 77)	− 0. 581 (− 0. 80)
Age	− 0. 001 (− 0. 05)	− 0. 004 (− 0. 14)
Soe	1. 275 (1. 10)	1. 235 (1. 21)
Dealsize	1. 540 *** (5. 00)	1. 549 *** (5. 02)
Paymethod	− 1. 618 *** (− 4. 54)	− 1. 610 *** (− 4. 51)
Pb	0. 098 (1. 35)	0. 094 (1. 30)
Fcf	1. 794 (1. 22)	1. 821 (1. 23)
Growth	0. 376 *** (3. 78)	0. 375 *** (3. 77)
Top1	− 0. 002 (− 0. 22)	− 0. 003 (− 0. 26)
Asset	− 0. 052 (− 0. 27)	− 0. 054 (− 0. 28)
Lev	− 2. 196 ** (− 2. 20)	− 2. 208 ** (− 2. 21)
Constant	8. 003 (1. 45)	7. 923 (1. 44)
Industry/Year	Yes	Yes
Observations	4517	4517
R-squared	0. 127	0. 127
调整 R^2	0. 110	0. 110

注：括号内为 t 值；** 、*** 分别表示在5%、1%的水平上显著。

表6-7列示了高管声誉与并购溢价关系的调节效应检验。模型（6-1）中 Repu×Age 的系数在10%水平上显著为负，初步证明假设 H6-2；模型（6-2）中 Repu×Career 的系数显著为负且通过了5%水平上的显著性检验，这说明处于职业生涯末期的高管其声誉与并购溢价的负向关系更显著，这是因为相比于处于职业生涯初期的高管，处于职业生涯后期的高管在经验上更加丰富，同时其社会资本也会更多，这都会增强高管声誉对并购溢价的负向影响。因此，假设 H6-2 得证。模型（6-3）检验了产权性质对高管声誉与并购溢价关系的调节作用。模型（6-3）中 Repu×Soe 的系数在10%水平上显著为正，这说明相比于国有企业，非国有企业中高管声誉与并购溢价的负向关系更显著。这与假设 H6-3 相符。

表6-7　　　　高管声誉与并购溢价关系的调节效应回归结果

变量	模型（6-1）	模型（6-2）	模型（6-3）
Repu	-0.124 ** (-2.19)	-0.127 * (-1.82)	-0.049 ** (-2.11)
Repu×Age	-0.018 * (-1.71)		
Repu×Career		-0.163 ** (-2.34)	
Repu×Soe			0.574 * (1.88)
Career		-1.530 *** (-3.10)	
Shares	0.022 (1.01)	0.017 (0.76)	0.019 (0.87)
Sex	-0.607 (-0.84)	-0.632 (-0.87)	-0.591 (-0.81)
Age	-0.003 (-0.11)	-0.011 (-0.26)	-0.004 (-0.15)
Soe	1.241 (1.28)	1.289 (1.11)	1.335 (1.17)

变量	模型（6-1）	模型（6-2）	模型（6-3）
Dealsize	1.559*** (5.05)	1.514*** (4.96)	1.554*** (5.04)
Paymethod	-1.592*** (-4.46)	-1.656*** (-4.66)	-1.584*** (-4.44)
Pb	0.093 (1.29)	0.095 (1.32)	0.093 (1.28)
Fcf	1.824 (1.24)	1.989 (1.36)	1.728 (1.17)
Growth	0.375*** (3.77)	0.385*** (3.89)	0.378*** (3.80)
Top1	-0.003 (-0.29)	-0.004 (-0.39)	-0.004 (-0.31)
Asset	-0.047 (-0.24)	-0.012 (-0.06)	-0.048 (-0.24)
Lev	-2.243** (-2.24)	-2.298** (-2.31)	-2.305** (-2.30)
Constant	7.766 (1.41)	3.771 (0.67)	7.957 (1.44)
Industry/Year	Yes	Yes	Yes
Observations	4517	4517	4517
R-Squared	0.127	0.133	0.128
调整 R^2	0.110	0.115	0.111

注：括号内为 t 值；*、**、*** 分别表示在10%、5%、1%的水平上显著。

6.4　进一步分析：高管声誉影响并购溢价的作用路径

如上所述，高管声誉能够发挥治理效应，激励管理者在并购过程中尽自己最大努力对目标企业进行调查和分析，通过合理评估尽可能地降低并购溢价，同时高管声誉还能够发挥资源效应，帮助高管通过社会网络获取目标企业的稀缺信息，从而降低并购企业和目标企业之间的信息不对称，进一步降低并购溢价。因此，本书将进一步对高管声誉影响并购溢价的作用路径进行检验。同时检验高管声誉是否能够通过降低信息不对称来降低并购溢价。在并购过程中，信息不对称主要涉及两方面：一是并购企业与外界之间的信息不对称，二是目标企业与外界之间的信息不对称。其中对并购溢价产生较大影响的主要是目标企业与外界之间的信息不对称。如何衡量目标企业与外界之间的信息不对称是检验高管声誉影响并购溢价作用路径的关键。以往衡量企业信息不对称的方法主要有以下几种：①股票日换手率。勒伊兹等（Leuz et al.，2000）曾指出，公司股票的日换手率越高，说明投资者可获得公司的信息越多，信息不对称程度越小。②可操纵应计利润盈余管理。一般认为，如果企业可操纵盈余管理程度越高，那么企业内部与外界的信息不对称程度越大。赫顿等（Hutton et al.，2009）、赵静等（2018）均采用可操纵应计利润来衡量信息不对称程度。③分析师跟踪。已有研究表明，分析师跟踪数量与企业信息不对称程度呈显著负相关关系（Hong et al.，2000）。但以上对信息不对称的测度方法更适用于上市公司，本书所研究并购事件中较多的目标企业为非上市公司，如果将这部分数据删除可能对结果的准确性影响较大。结合以往的研究，本书采用目标企业所在地的市场化进程来衡量并购企业所面临的信息不对称程度。以往研究发现，在高市场化进程的地区，市场竞争更为激烈，这会降低企业内外部的信息不对称程度，有利于外部投资者对企业进行更好的监管（夏立军和方轶强，2005；高雷和宋顺林，2007）。与此同时，市场化进程越高的地区，投资者保护程度越强，更有利于企业及时披露内部信息，降低信息不对称程度。因此，本书采用目标公司所在地区的市场化进程作为信息不对称的替代变量。

表 6-8 列示了不同市场化进程下高管声誉与并购溢价关系的检验结果。Repu × Market 的系数显著为正，这意味着目标企业所在地市场化进程越低，高管声誉对并购溢价的负向影响越大，这说明高管声誉能够通过降低信息不对称来降低并购溢价，证实了前文的推理。

表 6 - 8   不同信息不对称程度下高管声誉对并购溢价的影响回归结果

变量	模型 (6 - 1)	模型 (6 - 2)
Repu	- 0. 348 ** (- 2. 12)	- 0. 311 * (- 1. 75)
Repu_Market		0. 242 ** (2. 14)
Market	- 0. 304 (- 1. 26)	- 0. 312 (- 1. 32)
Shares	0. 017 (0. 54)	0. 010 (0. 31)
Sex	- 0. 937 (- 0. 85)	- 0. 977 (- 0. 89)
Age	- 0. 008 (- 0. 20)	- 0. 004 (- 0. 11)
Soe	0. 904 (1. 50)	0. 973 (1. 52)
Dealsize	2. 122 *** (4. 55)	2. 112 *** (4. 53)
Paymethod	- 1. 279 ** (- 2. 55)	- 1. 377 *** (- 2. 74)
Pb	0. 006 (0. 07)	0. 024 (0. 25)
Fcf	2. 622 (1. 20)	3. 208 (1. 47)
Growth	0. 463 *** (3. 33)	0. 470 *** (3. 39)
Top1	- 0. 020 (- 1. 24)	- 0. 018 (- 1. 08)
Asset	- 0. 340 (- 1. 11)	- 0. 286 (- 0. 93)
Lev	- 1. 579 (- 1. 15)	- 1. 699 (- 1. 24)

续表

变量	模型 (6-1)	模型 (6-2)
Constant	3.552 (0.45)	2.420 (0.31)
Industry/Year	Yes	Yes
Observations	4517	4517
R-Squared	0.169	0.174
调整 R^2	0.139	0.143

注：括号内为 t 值；*、**、*** 分别表示在 10%、5%、1% 的水平上显著。

6.5 稳健性和内生性检验

前文在进行回归分析时，已经通过对变量滞后一期的方式减弱了内生性问题，同时通过构建声誉综合评价指标体系的方式也进一步减弱了内生性问题。为了进一步增强本书检验结果的稳健性，本书继续进行如下检验。

前文采用声誉综合评价体系各指标得分的加总（积分变量）来衡高管声誉水平的高低。为了增强检验结果的稳健性，与第 5 章类似，本书继续采用主成分分析法确定的高管声誉水平（Repu_P）来进行回归检验，回归结果如表 6-9 所示。从检验结果可以看出，Repu_P 与 Pre 的相关系数显著为负，Repu_P × Career 的系数显著为负，Repu_P × Soe 的系数显著为正，Repu_P × Market 的系数显著为正，检验结果与前文回归结果无实质性差异。

表 6-9　采用主成分分析法测度声誉（Repu_P）的稳健性检验结果

变量	模型 (6-1)	模型 (6-2)	模型 (6-3)	模型 (6-4)	模型 (6-5)
Repu_P	-0.164** (-2.16)	-0.145** (-2.18)	-0.138** (-2.35)	-0.256** (-2.12)	-0.303* (-1.87)
Repu_P × Age		-0.036 (-1.06)			
Repu_P × Career			-0.153** (-2.31)		
Repu_P × Soe				1.643* (1.79)	

续表

变量	模型（6-1）	模型（6-2）	模型（6-3）	模型（6-4）	模型（6-5）
Repu_P × Market					0.516 **
					(2.32)
Career			-1.504 ***		
			(-3.04)		
Market					-0.340
					(-1.52)
Shares	0.028	0.027	0.020	0.025	0.013
	(1.26)	(1.24)	(0.91)	(1.13)	(0.42)
Sex	-0.522	-0.376	-0.589	-0.479	-1.113
	(-0.72)	(-0.51)	(-0.81)	(-0.66)	(-1.00)
Age	-0.001	-0.001	-0.014	-0.001	-0.004
	(-0.02)	(-0.05)	(-0.33)	(-0.03)	(-0.09)
Soe	1.280	1.282	1.349	1.306	1.105
	(1.11)	(1.13)	(1.28)	(1.18)	(1.17)
Dealsize	1.503 ***	1.493 ***	1.494 ***	1.509 ***	2.119 ***
	(4.91)	(4.87)	(4.89)	(4.94)	(4.55)
Paymethod	-1.627 ***	-1.649 ***	-1.670 ***	-1.553 ***	-1.338 ***
	(-4.58)	(-4.63)	(-4.70)	(-4.37)	(-2.68)
Pb	0.100	0.099	0.101	0.100	0.030
	(1.38)	(1.37)	(1.40)	(1.39)	(0.31)
Fcf	1.828	1.715	1.947	1.773	3.386
	(1.24)	(1.16)	(1.33)	(1.21)	(1.55)
Growth	0.380 ***	0.384 ***	0.387 ***	0.385 ***	0.466 ***
	(3.83)	(3.86)	(3.90)	(3.88)	(3.37)
Top1	-0.002	-0.002	-0.004	-0.004	-0.017
	(-0.22)	(-0.21)	(-0.32)	(-0.38)	(-1.06)
Asset	-0.054	-0.063	-0.013	-0.069	-0.247
	(-0.27)	(-0.32)	(-0.07)	(-0.35)	(-0.81)
Lev	-2.161 **	-2.149 **	-2.254 **	-2.339 **	-1.605
	(-2.17)	(-2.16)	(-2.27)	(-2.35)	(-1.18)
Constant	7.893	7.910	3.880	8.047	2.025
	(1.43)	(1.44)	(0.69)	(1.47)	(0.26)

续表

变量	模型 (6-1)	模型 (6-2)	模型 (6-3)	模型 (6-4)	模型 (6-5)
Industry/Year	Yes	Yes	Yes	Yes	Yes
Observations	4517	4517	4517	4517	4517
R-Squared	0.127	0.127	0.132	0.131	0.176
调整 R^2	0.110	0.110	0.114	0.114	0.145

注：括号内为 t 值；*、**、*** 分别表示在 10%、5%、1% 的水平上显著。

前文对并购溢价的测量采用的是连续变量 Pre，为了增强检验结果的稳健性，本书借鉴陈仕华和卢昌崇（2013）、杨超（2014）的做法，构建哑变量 Pre1 对并购溢价进行测度，并放入前文的回归方程中进行稳健性检验。如果并购溢价超过 30%，那么 Pre1 赋值为 1，否则为 0。检验结果如表 6-10 所示，结果显示：Pre1 与 Repu 的相关系数显著为负，Repu × Career 的系数显著为负，Repu × Soe 的系数显著为正，Repu × Market 的系数显著为正，检验结果与前文回归结果无实质性差异。

表 6-10　　　　　　并购溢价哑变量（Pre1）的稳健性检验结果

变量	模型 (6-1)	模型 (6-2)	模型 (6-3)	模型 (6-4)	模型 (6-5)
Repu	-0.101 ** (-2.16)	-0.092 ** (-2.31)	-0.091 ** (-2.31)	-0.097 * (-1.78)	-0.156 * (-1.90)
Repu × Age		-0.010 * (-1.86)			
Repu × Career			-0.092 ** (-2.28)		
Repu × Soe				0.216 * (1.79)	
Repu × Market					0.085 ** (2.18)
Career			-0.302 (-1.41)		
Market					-0.084 (-1.45)

变量	模型（6-1）	模型（6-2）	模型（6-3）	模型（6-4）	模型（6-5）
Shares	0.001	0.001	-0.000	-0.000	-0.035**
	(0.09)	(0.06)	(-0.03)	(-0.01)	(-2.42)
Sex	-0.483	-0.452	-0.478	-0.482	-1.070*
	(-1.41)	(-1.31)	(-1.39)	(-1.41)	(-1.87)
Age	-0.009	-0.009	-0.027	-0.009	-0.000
	(-0.77)	(-0.77)	(-1.57)	(-0.77)	(-0.00)
Soe	0.312	0.312	0.314	0.346	-0.156
	(1.33)	(1.32)	(1.33)	(1.01)	(-0.59)
Dealsize	1.550***	1.526***	1.530***	1.562***	0.998*
	(3.27)	(3.22)	(3.24)	(3.29)	(1.91)
Paymethod	-1.275***	-1.290***	-1.301***	-1.255***	-1.227***
	(-6.44)	(-6.48)	(-6.54)	(-6.32)	(-4.44)
Pb	0.052	0.052	0.051	0.050	0.043
	(1.50)	(1.51)	(1.48)	(1.45)	(0.91)
Fcf	-0.377	-0.377	-0.376	-0.416	0.117
	(-0.59)	(-0.59)	(-0.59)	(-0.65)	(0.12)
Growth	0.053	0.053	0.055	0.056	0.069
	(1.23)	(1.24)	(1.27)	(1.29)	(1.06)
Top1	-0.009*	-0.009*	-0.009*	-0.009*	-0.014*
	(-1.84)	(-1.81)	(-1.90)	(-1.92)	(-1.94)
Asset	0.096	0.090	0.101	0.098	0.124
	(1.18)	(1.10)	(1.24)	(1.21)	(0.93)
Lev	-1.697***	-1.693***	-1.698***	-1.723***	-1.624***
	(-3.84)	(-3.83)	(-3.85)	(-3.89)	(-2.60)
Constant	0.659	0.783	-0.444	0.563	0.657
	(0.35)	(0.41)	(-0.22)	(0.30)	(0.22)
Industry/Year	Yes	Yes	Yes	Yes	Yes
Observations	4517	4517	4517	4517	4517
chi2	213.2	214.0	217.1	215.1	116.6

注：括号内为 t 值；*、**、***分别表示在10%、5%、1%的水平上显著。

6.6 本章小结

本章选取我国上市公司 2009~2016 年的并购事件为样本，在第 5 章研究基础上，进一步探讨了高管声誉对并购溢价的影响，同时检验了职业生涯阶段、产权性质对高管声誉与并购溢价关系的调节作用，同时对高管声誉影响并购溢价的作用机制进行了分析。本章具体的研究结论如下：一是高管声誉与并购溢价显著负相关，这说明并购企业高管的声誉越高，并购溢价越低；二是相比于职业生涯初期，处于职业生涯后期的高管，其声誉与并购溢价的负向关系更显著，这是因为职业生涯后期的高管拥有的经验以及社会资本更丰富；三是相比于国有企业，非国有企业中高管声誉与并购溢价的负向关系更显著，这是因为国有企业中声誉机制难以有效发挥，同时国有企业缺乏有效的股东监督机制。四是并购企业面临的信息不对称程度越高，高管声誉与并购溢价的负向关系越显著，这间接说明高管声誉能够通过降低信息不对称程度来降低并购溢价。

本章研究具有重要的理论意义和现实意义。从理论意义上来讲，本章研究丰富了高管声誉的相关研究成果，同时拓展了并购溢价影响因素的相关研究。从现实意义上来讲，本章研究结果表明高管声誉对并购溢价具有显著的抑制作用，这是因为高管声誉一方面能够减少管理者在并购中的私利行为；另一方面能够帮助高管获取目标企业大量的稀缺信息，降低信息不对称程度，从而降低并购溢价。这启示我们在确定并购定价过程中，要积极利用声誉等社会资本获取目标企业足够的相关信息，降低并购溢价。

| 7 |

高管声誉对并购绩效影响的实证分析

第 5 章对高管声誉与并购决策的关系进行了研究，发现拥有较高声誉的高管更容易发起并购；第 6 章对高管声誉与并购溢价的关系进行了研究，发现拥有较高声誉的高管在并购过程中更能降低并购溢价。那么在经过并购的一系列活动之后，需要回到并购最初的目的上：并购是否提升了企业绩效？具体到本书的研究目的，本章在前两章基础上继续检验高管声誉与并购绩效的关系。进一步，本章还检验了职业生涯阶段、产权性质以及外部经理人市场等因素对高管声誉与并购绩效关系的影响。

7.1　理论分析与研究假设

从公司战略层面来讲，并购的目的是形成协同效应，通过扩大规模和延伸产业链建立竞争优势；从财务的角度来看，并购是为企业和股东创造价值，实现企业价值和股东利益的最大化。并购绩效反映的是并购之后公司价值或经营效率的变化，因此是衡量并购成功与否的重要指标。但在实际并购事件中，并购绩效受到宏观环境、公司治理以及管理者自身特质等多种因素的影响。高管是并购行为中的主要参与者，高管对并购目标的选择、支付方式、确定目标公司估值以及并购之后的资源整合等行为，都将影响到并购绩效的好坏。在所有权和经营权分离的现代企业制度下，由于代理问题的存在，管理者在进行并购决策时可能并非以企业价值和股东利益最大化为目的，而是为了获取私利，从而损害了企业价值，导致并购绩效降低。因此，通过有效的公司治理机制对管理者形成有效激励约束，抑制管理者在并购活动中的私利行为，是提高并购绩效的重要途径。具体来说，高管声誉对并购绩效的影响机制如下。

高管声誉能够发挥治理效应，减少管理者在并购过程中的非股东利益最大化行为，提升并购绩效。兰德（Radner，1981）认为，在薪酬激励等显性激励方式难以发挥预期效果，经理人的行为也无法被有效观测到时，声誉激励可以解决长期博弈下的委托代理问题。在并购过程中，涉及并购对象的选择、支付方式选择、并购标的估值以及并购后的资源整合等环节，高管作为并购过程的主要参与者，其能否出于企业价值和股东利益最大化目的进行决策，将关乎到最终并购绩效的好坏。但由于企业股东并不能全程参与到并购活动的每一个细节，无法时时刻刻对管理者进行监督，管理者可能在某些环节有所懈怠，或者出于私利做出违背股东利益的行为，导致并购绩效下降。如上所述，高管声誉能够在管理者行为无法被有效观测时，有效缓解代理问题，促使管理者在并购过程中尽职尽责，在制定决策时以企业价值和股东利益最大化为原则，从而提高并购绩效。

高管声誉能够发挥资源效应，降低并购过程中的信息不对称程度，同时帮助企业获取大量的知识、信贷等资源，提高并购绩效。以往研究发现，融资约束、信息不对称等因素会影响到并购绩效。如上所述，声誉作为一种显性的市场信号，能够向市场传递积极的信号，缓解企业面临的融资约束，为并购整个过程提供资金支持；与此同时，管理者声誉越高，其获取信息资源的能力越强（王晗和陈传明，2015），因此高管声誉能够降低并购过程中的信息不对称，降低交易成本，从而提高并购绩效。

此外，高管声誉有助于提高企业的并购整合能力。并购完成之后的资源整合是并购过程中的重点环节，关系到并购后交易双方能否发挥协同效应，提升整体绩效。高管声誉有助于提高企业的并购整合能力，主要表现在以下几个方面：首先，高管声誉是对个体行为和能力等的综合反映（张维迎，2005），因此拥有较高声誉的高管本身具有较强的资源整合能力和管理能力，从而有利于并购整合工作的开展；其次，高管声誉能够降低并购过程中的信息不对称问题，促进并购双方的信息流动，降低交易成本（王晗和陈传明，2015），同时高管声誉可以帮助企业加强与外部环境之间的信息交流，在交流中完善自身的学习机制，提升并购整合能力。与此同时，高管声誉有助于并购企业管理制度以及企业文化的推广，被并购企业对于并购企业的战略、文化以及管理制度等会更加认同，从而减少了并购双方之间的整合冲突等。

综合上述分析，本书提出假设：

H7-1：高管声誉对并购绩效具有正向影响。

随着管理者年龄的增长和职业生涯的发展，管理者的人力资本将逐渐沉淀，对公司有着更加全面和深刻的理解和掌握，同时也不断积累丰富的经验和社会网络资源（张萍，2012）。对于并购行为来讲，处于职业生涯后期的高管，其声誉的资源效应会起到更加重要的作用。相比于职业生涯初期的管理者，职业生涯后期的管理者可以获取的外界资源更多，能够利用自身的社会资本帮助企业获取大量的信息、资金等资源，帮助企业降低并购过程中的信息不对称程度，减少交易成本，提高并购绩效；与此同时，并购是一项需要大量金融、管理等知识的投资活动，处于职业生涯后期的管理者在知识和经验储备上要更为丰富，有利于提高并购过程中调查、谈判以及资源整合等环节的决策水平和执行质量，提高最终的并购绩效。因此，相比于职业生涯初期，职业生涯后期管理者丰富的经验、社会资本等都会增强高管声誉对并购绩效的正向影响。因此，本书提出假设：

H7-2：在职业生涯后期，高管声誉对并购绩效的正向影响更强。

如上所述，国有企业由于受到行政干预的影响，其在投资决策、高管激励以及资源获取等方面都与非国有企业存在较大的差异；与此同时，相比于非国有企业，由于国有企业存在多层委托代理关系，其公司治理机制还不完善。因此，并购企业的产权性质会影响到高管声誉与并购绩效的关系。方军雄（2008）研究发现，我国地方政府直接控股的企业更加倾向于对本地区内的企业进行并购，其目的在于并购后降低失业率、实现规模经济以及整体稳定的社会效益和个人政绩的提升。与国有企业相比，非国有企业的并购目标则是以追求并购后的整体绩效提升为主，董事会以及大股东监督机制较为完善，并购绩效的好坏直接影响到董事会对管理者的考核评价以及管理者的职业声誉，管理者为了避免并购失败导致声誉受损，会减少自己在并购中的私利行为，努力提升并购绩效。基于以上分析，本书提出假设：

H7-3：相比于国有企业，非国有企业中高管声誉对并购绩效的正向影响更强。

外部经理人市场对声誉机制作用的发挥具有重要作用。如果外部经理人市场是成熟的，那么声誉机制就是一种有效的治理机制（Fama，1980）。这是因为在成熟的经理市场中，声誉是外界对管理者能力和素质进行评价的关键因素，声誉较好的管理者在经理人市场中具有更好的机会和议价能力。袁春生和祝建军（2007）研究发现，活跃的外部经理人市场是声誉机制和效率工资得以发挥作用的基础，如果经理人市场是活跃的，那么经理人之间的相互比较和竞争就会促使经理人努力工作，以此来证明自己的人力资本价值，降低被解聘的可能性。韩洪灵和袁春生（2007）研究发现，外部经理人市场竞争越激烈，经理人的财务舞弊行为越少，如果经理人市场发育程度较低，那么激励机制和声誉机制就难以发挥有效作用。与此同时，在有效的经理人市场中，经理人的流动机制更加完善，企业会更多地聘用外部经理人（Park et al.，2012），这同样会增加经理人的竞争压力，从而抑制经理人的私利行为。因此，如果外部经理人市场较为成熟，声誉机制就能充分发挥作用，高管为了提升自己在市场中的竞争优势和地位，就会更加珍惜自己的声誉。因此，在较为成熟的外部经理人市场环境中，为了避免并购失败导致声誉受损，高管在进行并购时会尽可能地提高并购绩效，高管声誉与并购绩效的关系得到加强。因此，本书提出假设：

H7-4：外部经理人市场越成熟，高管声誉对并购绩效的正向影响越强。

高管声誉影响并购绩效的作用机制如图7-1所示。

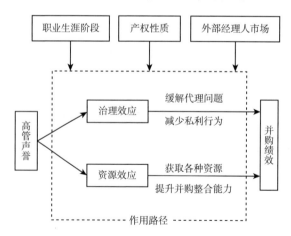

图7-1　高管声誉影响并购绩效的作用机制

7.2　研究设计

7.2.1　样本选择和数据来源

本书以 2009～2016 年我国 A 股上市公司发生的并购事件为初始样本。样本按照下列规则进行筛选：一是剔除金融类上市公司样本；二是剔除交易状态为 ST 和 PT 的上市公司样本；三是剔除并购交易失败的样本；四是剔除交易金额小于 500 万元的样本；五是剔除交易类型为"债务重组、资产置换、资产剥离以及股份回购"等形式的并购重组样本；六是剔除并购绩效无法计算的样本；七是如果并购公司一年之中发起多次并购，只保留并购交易规模最大的那次并购交易；八是剔除其他相关财务数据和公司治理数据缺失的样本。其中，高管声誉综合评价指标体系中的"正面媒体报道频次"数据来自百度新闻搜索引擎，"行业兼任"和"获得荣誉"数据来自年报中"高管个人简历"及各大网站，其他相关数据来自国泰安数据库（CSMAR）以及上市公司公开披露的年报。并购样本数据来自国泰安数据库（CSMAR）中的"并购重组研究数据库"，部分缺失数据来自 Wind 金融数据库以及深圳证券交易所和上海证券交易所网站公告。经过筛选后，本书共得到 3051 个观测值。

7.2.2　变量定义与测度

（1）被解释变量：并购绩效。并购绩效包括短期并购绩效和长期并购绩效。

短期并购绩效（CAR）。借鉴国内外学者的研究方法，对于短期并购绩效的测度采用并购首次公告日前后若干个交易日公司股票价格的累计超额收益率（CAR）来衡量。近几年来，越来越多的学者通过事件研究法来计算累计超额收益率，并以此来衡量并购所带来的市场反应或股票绩效。本书借鉴迟（Chi，2011）、高尔等（Gaur et al.，2013）及陈仕华等（2013）的研究，采用事件研究法，通过计算累计超额收益率来测度并购公司的短期并购绩效 CAR。为了计算并购方的超额回报（AR），本书利用市场模型法（Brown et al.，1985）来进行计算，公式为：$R_{it} = \alpha + \beta R_{mt} + \varepsilon$，其中 R_{it} 代表并购方在第 t 交易日的股票收益率，R_{mt} 代表市场在第 t 日的股票收益率。在定义估计窗口期时，参考王化成等（2010）、王艳和李善民（2017）、肖土盛等（2018）的做法，利用并购首次公告前 150 个交易日至前 30 个交易日作为估计窗口期，使用窗口期数据对市场模型进行估计得到"α"和"β"的值，然后利用市场模型计算出并购宣告日前后 5 个交易日的日超额回报（即实际收益率与预期收益率的差额）并累计相加，从而计算出短期并购绩效 CAR［-5，5］的数值。与此同时，本书还选取 CAR［-10，10］作为短期并购绩效的稳健性检验指标。

长期并购绩效（ΔROA）。对于长期并购绩效的测度，以往学者主要采用市场业绩指标和会计业绩指标两种方式来计算。市场业绩指标方面，主要是采用购入持有超常收益（BHAR）来衡量并购之后 1~2 年内的长期绩效（Gregory，1997；李善民和朱滔，2006；陈仕华等，2013）。购入持有超常收益是指从购入公司股票一直持有到考察期结束期间，公司股票收益率超过市场组合或对应组合的超常收益。但考虑到我国资本市场还不完善，股票收益率以及市场收益率等受外界环境影响波动较大，因此本书使用会计业绩指标测算了长期并购绩效。参考希利等（Healy et al.，1992）、吴超鹏等（2008）、蔡和塞维利尔（Cai and Sevilir，2012）的做法，本书采用总资产收益率变化值（ΔROA）来衡量并购公司的长期并购绩效。具体来说，本书以并购宣告日后一年的总资产收益率与宣告日前一年的资产收益率的差值（$\Delta ROA_{t-1,t+1}$）测度长期并购绩效，同时以并购完成后两年的总资产收益率的均值与并购前两年总资产收益率的均值的差值（$\Delta ROA_{t-2,t+2}$）作为稳健性检验的指标。

（2）解释变量：高管声誉（Repu）。高管声誉的度量与第 5 章相同，通过构建高管声誉综合评价指标体系来度量。Repu 值越大，高管声誉水平越高。具体测度方法见第 5 章。

（3）调节变量：本章的调节变量为职业生涯阶段、产权性质以及外部经理人市场。

职业生涯阶段。参照李（Li，2011）以及谢珺和张越月（2015）的研究，本书选取 CEO 的原始年龄作为职业生涯阶段的测度变量，年龄越大意味着职业生涯阶段越靠后。与此同时，本书构造了职业生涯阶段的哑变量（Career）。根据样本企业 CEO 年龄统计特征，如果 CEO 的年龄大于等于 50 周岁，那么 Career 的取值为 1，否则为 0。

并购企业产权性质（Soe）。根据并购企业最终控制人性质将样本分为国有上市公司和非国有上市公司，并构造产权性质的虚拟变量 Soe，如果并购企业为国有企业，则 Soe 等于 1，否则为 0。

经理人市场成熟度（MMI）。借鉴沈小秀（2014）构建的外部经理人市场评价指数，本书从外部经理人市场中的经理人来源（Rindex）以及市场中介（Aindex）两个方面的 6 个指标来对外部经理人市场进行测度，经理人来源方面的指标为上市公司所在地区同行业上市公司数量（Same）、外资企业的数量（Foreign）、MBA 院校（MBA）的数量三个维度，经理人市场中介方面选取了法律（Law）、会计（Accounting）以及邮电总量（Post）三个维度，具体指标体系以及每个维度的计算方法见表 7-1。

表 7-1   外部经理人市场评价指标体系

	二级指标	三级指标	计算方法	数据来源
经理人市场评价指数（MMI）	来源（Rindex）	同行业上市公司（Same）	本地同行业上市公司数量/常住人口数，大于等于中值1，否则为0	《中国证券期货统计年鉴》
		外资企业（Foreign）	本地外资企业数量/常住人口数，大于等于中值取1，否则为0	《中国统计年鉴》
		MBA 院校（MBA）	本地获准招收 MBA 的院校数量/常住人口数，大于等于中值取1，否则为0	相关网站
	市场中介（Aindex）	法律（Law）	本地律师事务所数量/常住人口数，大于等于中值取1，否则为0	相关网站
		会计（Accounting）	本地会计师事务所数量/常住人口数，大于等于中值取1，否则为0	相关网站
		邮电总量（Post）	所在省邮政所总量/常住人口数，大于等于中值取1，否则为0	各省统计年鉴，经济与社会发展公报

MMI 的计算方式为：

$$MMI = Rindex + Aindex \qquad (7-1)$$

（4）控制变量。

企业规模（Size）。研究发现，相比于小规模企业，规模较大的企业更容易获得低成本的融资，这会导致企业进行更多的并购活动（Banz，1981；Fama and French，1996）。马尔门迪埃和泰特（Malmendier and Tate，2008）研究发现企业规模越大，市场对并购行为的反应越积极。本书采用并购公告前一年，并购企业期末总资产的对数衡量。

自由现金流（Fcf）。詹森（Jensen，1986）认为，如果管理者偏好于掌握企业更多的资产，那么其可能会为了构建企业帝国的私利而将企业的现金流用于非效率的投资。他还发现，当企业自由现金流较为充足时，管理者对目标公司过度支付的可能性更大。我国学者姜付秀等（2008）、叶蓓等（2008）也研究发现，企业内部现金流会显著影响企业并购行为。本书采用并购宣告日前一年末的企业自由现金流来作为控制变量，其计算方式为：自由现金流 = 每股自由现金流 × 总股数。

支付方式（Paymethod）。在并购活动中，主要存在现金支付和股票支付两种支付方式，支付方式的不同会对并购绩效产生影响。埃克博和索伯恩（Eckbo and Thorburn，2000）以加拿大的并购事件为样本，研究发现股权、现金和股权组合的支付方式能给并购企业股东带来正向收益。葛结根（2015）以我国上市公司并购事件为样本研究了并购支付方式与并购绩效的关系，发现现金支付、现金和资产组合支付方式产生的并购绩效较为稳定。本书将并购的支付方式作为控制变量，当支付方式为现金支付时，Paymethod赋值为1，否则为0。

杠杆率（Lev）。财务杠杆较高的企业面临着巨大的财务风险，这会在一定程度上影响到市场对高杠杆并购企业并购绩效的信心。马洛尼等（Maloney et al.，1993）研究发现，较高财务杠杆的并购企业的短期市场反应是不积极的。赵岩等（2017）研究发现，在普遍采用现金支付的情形下，高债券融资结构与并购绩效显著正相关。本书采用并购宣告日前一年末的资产负债率来衡量企业的杠杆率（Lev），计算方式为：资产负债率 = 企业负债/总资产。

相对交易规模（Dealsize）。并购之后的资源整合会影响到并购绩效的好坏，如果并购交易规模很大，那么并购整合的难度也将很大，加大了并购失败的风险。与此同时，并购交易规模越大，则占用并购公司的资金越多，这会对并购公司的短期绩效产生较大的影响（李善民等，2004；王江石，2010）。因此，本书将相对交易规模作为控制变量，计算方式为：相对交易规模＝并购交易价值/并购前一年并购公司的总资产。

第一大股东持股比例（Top1）。掏空理论认为，股东尤其是控股股东会通过并购进行自我交易转移资源，从而对中小股东形成掏空。约翰逊等（Johnson et al.，2000）将控股股东侵占上市公司利益的行为描述为"掏空"战略。该种行为主要表现为自我交易转移资源，例如债务担保、较高的管理层薪酬等，或者通过资产转移达到自身在企业中份额增加的目的，如关联收购等。黄岩和刘淑莲（2013）基于大股东自利动机，研究了存在大股东利益的关联并购事件，发现对绩效较差的公司实行关联并购是大股东的一种利益输送行为。因此，本书将第一大股东持股比例作为控制变量，其计算方式为并购宣告日前一年末并购企业第一大股东持股比例。

CEO持股（Shares）。股权激励能够使管理者利益与股东利益趋于一致，降低代理成本，激励管理者基于股东利益最大化原则作出最优的投资决策（罗富碧，2008）。达塔和拉曼（Datta and Raman，2001）研究表明，如果并购公司CEO的权益薪酬比例较高，那么市场反应会比较积极。梅丽莎和杨（Melissa and Yang，2015）研究发现，股票薪酬可以降低并购企业的风险。因此，本书将CEO持股作为控制变量，其计算方式为：并购宣告日前一年末并购企业CEO持股数量加1后的对数。

除了上述变量，本书还控制了CEO性别（Sex）、CEO年龄（Age）、行业（Industry）、年份（Year）等因素。本章主要变量及定义见表7－2。

表7－2　　　　　　　　　　本章主要变量及定义

变量类别	变量代码	变量描述
因变量	*CAR*	短期并购绩效，采用并购宣告日前后5个交易日的累积超额收益率衡量
	Δ*ROA*	长期并购绩效，采用并购宣告日前后一年的总资产收益率的差值衡量
自变量	*Repu*	高管声誉，根据高管声誉的综合评价得分衡量，详细评价方法见第5章

变量类别	变量代码	变量描述
调节变量	*Soe*	产权性质，国有企业取值为 1，否则为 0
	Career	CEO 所处职业生涯阶段，如果 CEO 年龄不小于 50 岁，那么取值为 1，否则为 0
	Age	CEO 年龄
控制变量	*Size*	企业规模，以企业总资产取对数衡量
	Paymethod	支付方式，如果为现金支付，则取值为 1，否则为 0
	Dealsize	相对交易规模，等于并购交易规模/并购企业上一年年末资产
	Pb	市账比，并购前一年并购公司的市场价值与公司权益账面价值的比值
	Lev	杠杆率，等于企业负债除以总资产
	FCF	自由现金流，等于每股自由现金流×总股数
	Growth	企业成长性，以并购前一年并购企业主营业务增长率来衡量。
	*Top*1	第一大股东持股比例，等于年末第一大股东持股比例
	Shares	CEO 持股，等于年末 CEO 持股数量加 1 后的对数
	Sex	CEO 性别，男性取值为 1，否则为 0
	Industry	企业所在行业
	Year	统计年份

7.2.3 模型构建

为了检高管声誉与并购绩效的关系，以及职业生涯阶段、产权性质和外部经理人市场对高管声誉与并购绩效关系的调节作用，本书建立如下模型：

$$CAR_{i,t}/\Delta ROA_{i,t} = \alpha_0 + \alpha_1 \times Repu_{i,t-1} + ControlVars$$
$$+ \sum Industry + \sum Year + \varepsilon \qquad (7-2)$$

$$CAR_{i,t}/\Delta ROA_{i,t} = \beta_0 + \beta_1 \times Repu_{i,t-1} + \beta_2 \times Repu \times Age_{i,t-1} + \beta_3 \times Repu$$
$$\times Career_{i,t-1} + \beta_4 \times Repu \times Soe_{i,t-1} + \beta_5 \times Repu \times MMI_{i,t-1}$$
$$+ ControlVars + \sum Industry + \sum Year + \varepsilon \qquad (7-3)$$

在模型（7-2）、模型（7-3）中，*CAR* 代表短期并购绩效，采用并购企业在并购事件前后 5 个交易日的累积超额收益率衡量；ΔROA 代表长期并购绩效，采用并购企业在并购事件前后一年 Roa 的差值衡量；Repu 为高管声誉，Age 代表 CEO 年龄，Career 代表职业生涯阶段，Soe 代表并购企业的产权性质，MMI 代表外部经理人市场成熟度。ControlVars 代表控制变量，Industry 和 Year 分别代表行业和年份，ε 为残差项。如果假设 H7 - 1 成立，那么 α_1 的系数应该显著为正；如果假设 H7 - 2 成立，β_2 和 β_3 的系数应该显著为正；如果假设 H7 - 3 成立，β_4 的系数应该显著为负；如果假设 H7 - 4 成立，那么 β_5 的系数应该显著为正。为了减弱变量内生性问题，本书对所有自变量做滞后一期处理。为了消除异常值对检验结果的影响，本书还对所有连续变量进行了 1% 和 99% 水平上的缩尾处理。

7.3 实证结果

7.3.1 描述性统计

（1）全样本描述性统计。

本章对主要变量进行了描述性统计。表 7 - 3 列示了分类变量的描述性统计结果：在所有并购样本中，采用现金支付的并购事件占 62.1%，这说明在我国并购市场中现金支付是主要的支付方式；并购事件中，非国有企业占比 61.5%，这说明非国有企业更倾向于发起并购。表 7 - 4 列示了连续变量的描述性统计结果，结果表明：一是短期并购绩效 CAR 的均值为 0.120，这说明我国上市公司并购事件给股东普遍带来了较高的超额收益；二是长期并购绩效的均值为 - 0.004，这说明样本公司的长期并购绩效普遍较差，从总体上来看并购并不能提升企业的绩效水平。三是高管声誉的均值为 1.93，标准差为 1.014，这说明样本企业中高管声誉水平具有较大的差异；四是外部经理人市场成熟度的均值为 2.776，标准差为 2.155，这说明企业所在地的外部经理人市场成熟度存在着较大差异；五是相对交易规模的均值为 0.357，标准差为 0.762，这说明我国并购事件的相对交易规模存在着较大差异；六是第一大股东持股比例均值为 35.28，最大值为 73.33，这说明我国上市公司大股东持股比例普遍较高，股权较为集中；七是 CEO 持股比例均值为 7.573，最小值为 0，这说明我国上市公司 CEO 持股比例普遍较低，股权激励现象还不普遍；八是自由现金流的均值为 0.003，这说明样本公司的自由现金流相对较为充足；九是杠杆率的均值为 0.421，标准差为 0.212，这说明样本企业的资产结构存在较大差异；其他指标无明显异常。

表 7 - 3　　　　　　　　　　描述性统计（分类变量）

变量名称	变量分类	分类变量取值	频数	频率（%）
Paymethod	现金支付	1	1895	62.1
	非现金支付	0	1156	37.9
Sex	男性	1	2865	93.9
	女性	0	186	6.1
Soe	国有企业	1	870	28.5
	非国有企业	0	2181	61.5
Career	CEO 不小于 50 岁	1	1461	47.9
	CEO 小于 50 岁	0	1590	52.1

表 7 - 4　　　　　　　　　　描述性统计（连续变量）

变量	观测值	均值	标准差	最小值	中位数	最大值
CAR	3051	0.120	0.273	-0.519	0.058	0.753
ΔROA	3051	-0.004	0.050	-0.175	-0.004	0.185
Repu	3051	1.930	1.014	1	2	5
Dealsize	3051	0.357	0.762	0.001	0.073	4.783
Paymethod	3051	0.621	0.485	0	1	1
Pb	3051	3.737	2.702	0.730	2.923	15.96
Fcf	3051	0.003	0.108	-0.367	0.016	0.281
Age	3051	48.35	6.274	32	49	64
Shares	3051	7.573	7.904	0	0	19.21
Growth	3051	0.562	1.587	-0.623	0.148	11.29
Top1	3051	35.28	14.75	8.950	33.58	73.33
Asset	3051	21.90	1.240	19.57	21.68	25.64
Mmi	3051	2.776	2.155	0	3	6
Lev	3051	0.421	0.212	0.051	0.414	0.891

（2）分组均值/中位数检验。

为了直观地表现不同高管声誉水平下并购绩效的差异，本书按照高管声誉水平的高低，将样本分为低声誉水平组和高声誉水平组，并对两组样本进

行了组间的均值和中位数差异性检验。同时，将高管声誉水平为 0、1、2 的
样本定义为低声誉水平组，将高管声誉水平取值为 3、4、5、6 的样本定义为
高声誉水平组。表 7 – 5 给出了两组样本短期并购绩效的组间差异检验统计结
果，结果表明：高声誉组样本的短期并购绩效（CAR）均值和中位数均显著
高于低声誉样本组，这符合本书的假设预期。表 7 – 6 列示了两组样本长期并
购绩效（ΔROA）的组间差异性检验，结果表明：高声誉组的长期并购绩效
均值和中位数显著高于低声誉组，这同样符合本书的预期。从上述分析结果
可以看出，相对低声誉水平高管所在企业发起的并购，高声誉水平高管所在
企业发起的并购所带来的并购绩效更优，这初步验证了假设 H7 – 1，但这仅
仅是从统计规律上得出的结论，当综合考虑其他因素对并购绩效的影响时，
需要下文通过回归分析进一步检验。

表 7 – 5　　　　　　　　均值／中位数分组检验（短期并购绩效）

统计项目	低声誉水平	高声誉水平	t/z 统计量
均值	0.097	0.132	– 2.151 **
中位数	0.057	0.101	– 2.255 **
观测值	2243	808	

注：** 表示在 5% 水平上显著。

表 7 – 6　　　　　　　　均值／中位数分组检验（长期并购绩效）

统计项目	低声誉水平	高声誉水平	t/z 统计量
均值	– 0.016	0.001	– 2.081 **
中位数	– 0.009	0.002	– 2.142 **
观测值	2243	808	

注：** 表示在 5% 水平上显著。

7.3.2　相关性分析

表 7 – 7 列示了本章主要变量的相关性分析。Repu 与 CAR 的相关系数显
著为正，这说明短期并购绩效与高管声誉显著正相关，初步验证了假设 H7 –
1；Repu 与 ΔROA 的相关系数显著为正，这说明高管声誉与长期并购绩效显
著正相关，初步验证了假设 H1；Soe 的系数显著为负，这说明相比于国有企
业，非国有企业发起的并购绩效更优。Shares、Asset、Top1、Lev 等变量的系

表7－7

主要变量的相关性分析

变量	CAR	ROA	Repu	Pb	Fcf	Sex	Age	Shares	Growth	Top1	Soe	Asset	Mmi	Lev
CAR	1													
ROA	0.104***	1												
Repu	0.003**	0.069**	1											
Pb	0.083***	0.0370	0.095***	1										
Fcf	0.00200	-0.109***	0	-0.0250	1									
Sex	-0.0400	-0.0260	0.085***	-0.0360	-0.0120	1								
Age	0.059	0.088	0.125***	-0.122***	0.0190	0.139***	1							
Shares	0.00600	-0.090***	0.163***	0.070**	0.069**	0.0220	0.0300	1						
Growth	-0.0340	0.069**	-0.0410	0.068**	-0.058*	0.0250	-0.0320	-0.060**	1					
Top1	-0.061**	-0.0300	0.0210	-0.134***	0.067**	0.0260	0.090***	-0.136***	0.00600	1				
Soe	-0.106***	-0.00100	-0.135***	-0.243***	0.0110	0.054*	0.148***	-0.310***	0.00300	0.206***	1			
Asset	-0.174***	-0.077***	-0.055*	-0.456***	0.0220	0.0310	0.125***	-0.230***	-0.0120	0.226***	0.470***	1		
Mmi	0.0150	0.0270	-0.00400	0.071**	-0.0120	-0.0280	0.0460	0.061**	0.0420	0.064*	-0.0100	0.0360	1	
Lev	-0.00100	0.168***	-0.051*	-0.094*	-0.0200	-0.00700	-0.00400	-0.297***	0.096***	0.054*	0.324***	0.527***	-0.061**	1

注：*、**、***分别表示在10%、5%、1%的水平上显著。

数也较为显著，这说明并购绩效会受较多因素的影响。各变量间的相关系数大多小于0.5，这说明变量间不存在严重的多重共线性问题。

7.3.3 回归结果分析

表7-8列示了高管声誉与短期并购绩效关系的回归结果。模型（7-1）中仅加入了影响企业短期并购绩效的一系列控制变量进行回归，作为基准模型；模型（7-2）在模型（7-1）基础上加入解释变量Repu，结果显示Repu系数为正且在5%水平上显著为正。这说明并购企业的高管声誉水平越高，短期并购绩效越高。声誉作为一种信号传递机制，高声誉水平高管做出的并购决策往往能够向市场传递积极的信号，提升投资者的信心，促使并购事件发生后并购企业的股价上涨，从而提升短期并购绩效。因此，假设H7-1得证。

表7-8　　　　　　　　高管声誉与短期并购绩效关系的回归结果

变量	模型（7-1）	模型（7-2）
Repu		0.000 ** （2.31）
Shares	0.001 （1.15）	0.001 （1.13）
Sex	-0.002 （-0.06）	-0.002 （-0.06）
Age	0.002 （1.59）	0.002 （1.57）
Dealsize	0.066 *** （4.90）	0.066 *** （4.88）
Paymethod	-0.144 *** （-7.87）	-0.144 *** （-7.85）
Pb	-0.002 （-0.48）	-0.002 （-0.48）
Fcf	0.082 （1.10）	0.082 （1.10）

续表

变量	模型（7－1）	模型（7－2）
Growth	－0.006 （－1.09）	－0.006 （－1.09）
Top1	－0.000 （－0.29）	－0.000 （－0.29）
Soe	－0.023 （－1.12）	－0.023 （－1.11）
Asset	－0.022 ** （－2.19）	－0.022 ** （－2.19）
Lev	0.113 ** （2.25）	0.113 ** （2.25）
Constant	0.825 *** （3.20）	0.825 *** （3.20）
Industry/Year	Yes	Yes
Observations	3051	3051
R-Squared	0.178	0.178
调整 R^2	0.154	0.153

注：括号内为 t 值；**、*** 分别表示在 5%、1% 的水平上显著。

表 7－9 列示了高管声誉与短期并购绩效关系的调节效应检验结果。模型（7－1）和模型（7－2）检验了职业生涯阶段对高管声誉与短期并购绩效关系的调节作用。结果显示，Repu×Age 的系数显著为正且通过了 10% 水平上的显著性检验，这说明处于职业生涯后期的高管其声誉与短期并购绩效的正向关系更显著；当采用 Career 衡量高管所处职业生涯阶段时，结果显示 Repu×Career 的系数同样显著为正，这进一步证实了上述结论，验证了假设 H7－2。模型（7－3）检验了产权性质对高管声誉与短期并购绩效关系的调节作用，结果显示：Repu×Soe 的系数显著为负，这说明相比于国有企业，非国有企业中高管声誉与短期并购绩效的正向关系更显著，验证了假设 H7－3。模型（7－4）检验了外部经理人市场成熟度对高管声誉与短期并购绩效关系的调节效应，结果显示：Repu×MMI 的系数显著为正且通过了 5% 水平上的

显著性检验，这说明外部经理人市场越成熟，高管声誉与短期并购绩效的正向关系越强，验证了假设 H7－4。

表 7－9　　　　高管声誉与短期并购绩效关系的调节效应回归结果

变量	模型（7－1）	模型（7－2）	模型（7－3）	模型（7－4）
Repu	0.001 ** (2.12)	0.000 ** (2.15)	0.000 * (1.73)	0.001 ** (2.06)
Repu × Age	0.001 * (1.76)			
Repu × Career		0.010 * (1.83)		
Repu × Soe			− 0.003 ** (− 2.16)	
Repu × MMI				0.002 ** (2.17)
Career		0.010 (0.38)		
MMI				0.002 (0.60)
Shares	0.001 (1.15)	0.001 (1.14)	0.001 (1.12)	0.001 (1.18)
Sex	− 0.003 (− 0.09)	− 0.002 (− 0.05)	− 0.002 (− 0.06)	− 0.002 (− 0.04)
Age	0.002 (1.57)	0.003 (1.31)	0.002 (1.57)	0.002 (1.51)
Dealsize	0.066 *** (4.90)	0.066 *** (4.88)	0.066 *** (4.88)	0.066 *** (4.86)
Paymethod	− 0.144 *** (− 7.82)	− 0.144 *** (− 7.84)	− 0.144 *** (− 7.85)	− 0.144 *** (− 7.86)
Pb	− 0.002 (− 0.52)	− 0.002 (− 0.47)	− 0.002 (− 0.48)	− 0.001 (− 0.41)
Fcf	0.082 (1.10)	0.081 (1.08)	0.082 (1.10)	0.085 (1.14)

变量	模型 (7-1)	模型 (7-2)	模型 (7-3)	模型 (7-4)
Growth	-0.006 (-1.09)	-0.006 (-1.10)	-0.006 (-1.09)	-0.006 (-1.09)
Top1	-0.000 (-0.33)	-0.000 (-0.27)	-0.000 (-0.29)	-0.000 (-0.27)
Soe	-0.023 (-1.11)	-0.023 (-1.08)	-0.024 (-1.12)	-0.023 (-1.10)
Asset	-0.022** (-2.18)	-0.022** (-2.22)	-0.022** (-2.19)	-0.021** (-2.12)
Lev	0.112** (2.24)	0.114** (2.28)	0.112** (2.24)	0.109** (2.15)
Constant	0.823*** (3.19)	0.849*** (3.19)	0.824*** (3.19)	0.814*** (3.15)
Industry/Year	Yes	Yes	Yes	Yes
Observations	3051	3051	3051	3051
R-Squared	0.179	0.179	0.178	0.179
调整 R^2	0.152	0.152	0.152	0.152

注:括号内为 t 值;*、**、*** 分别表示在 10%、5%、1% 的水平上显著。

表7-10列示了高管声誉与长期并购绩效关系的检验结果。模型 (7-1) 中仅加入了影响长期并购绩效的相关控制变量进行回归,作为基准模型;模型 (7-2) 在模型 (7-1) 基础上加入了解释变量 Repu,结果显示:Repu 的系数显著为正且通过了 5% 上的显著性检验,这说明高管声誉与企业长期并购绩效之间呈正相关关系,并购企业的高管声誉越高,长期并购绩效越高。如上所述,声誉能够发挥治理效应,激励高管在并购决策制定时以企业价值和股东利益最大化为目标,减少并购过程中的投机行为,提升长期并购绩效;与此同时,声誉能够发挥资源效应,帮助并购企业获取大量的外部资源,降低并购过程中的信息不对称程度,同时提高高管的并购整合能力,从而提高长期并购绩效。因此,验证了假设 H7-1。

表 7 - 10　　　　　高管声誉与长期并购绩效关系的回归结果

变量	模型（7 - 1）	模型（7 - 2）
Repu		0. 003 **
		(2. 25)
Shares	− 0. 000	− 0. 000
	(− 0. 46)	(− 0. 18)
Sex	− 0. 004	− 0. 004
	(− 0. 76)	(− 0. 65)
Age	0. 000	0. 000
	(0. 59)	(0. 28)
Dealsize	0. 012 ***	0. 012 ***
	(5. 34)	(5. 19)
Paymethod	− 0. 009 ***	− 0. 009 ***
	(− 2. 86)	(− 2. 97)
Pb	− 0. 002 **	− 0. 001 **
	(− 2. 57)	(− 2. 34)
Fcf	− 0. 034 ***	− 0. 034 ***
	(− 2. 67)	(− 2. 68)
Growth	− 0. 000	− 0. 000
	(− 0. 44)	(− 0. 51)
Top1	− 0. 000	− 0. 000
	(− 0. 29)	(− 0. 14)
Soe	− 0. 001	− 0. 000
	(− 0. 39)	(− 0. 12)
Asset	− 0. 005 ***	− 0. 005 ***
	(− 2. 81)	(− 2. 80)
Lev	0. 046 ***	0. 047 ***
	(5. 50)	(5. 56)
Constant	0. 094 **	0. 097 **
	(2. 16)	(2. 22)
Industry/Year	Yes	Yes
Observations	3051	3051
R-Squared	0. 135	0. 139
调整 R^2	0. 109	0. 113

注：括号内为 t 值；**、*** 分别表示在 5%、1% 的水平上显著。

表7－11列示了高管声誉与长期并购绩效关系的调节效应检验。模型（7－1）和模型（7－2）检验了职业生涯阶段对高管声誉与长期并购绩效关系的调节作用。结果显示，Repu×Age 的系数显著为正且通过了10%水平上的显著性检验，这说明处于职业生涯末期的高管其声誉与长期并购绩效的正向关系更显著；当采用 Career 衡量高管所处职业生涯阶段时，结果显示 Repu×Career 的系数同样显著为正，这进一步证实了上述结论，验证了假设 H7－2。如上所述，随着高管年龄的增加以及职业生涯的发展，其自身的社会资本积累会越来越丰厚，经验以及管理能力也会越来越强，这都会增强高管声誉对长期并购绩效的正向影响。模型（7－3）检验了产权性质对高管声誉与长期并购绩效关系的调节作用，结果显示：Repu×Soe 的系数显著为负，这说明相比于国有企业，非国有企业中高管声誉与长期并购绩效的正向关系更显著，验证了假设 H7－3。如上所述，国有企业的投资决策并非以股东利益最大化为原则，高管声誉激励的效果难以有效发挥，同时国有企业"所有者缺位"现象会导致国有企业并购活动中缺乏有效的大股东监督机制，不利于并购绩效的提升，因此在国有企业中高管声誉与长期并购绩效的正向关系更弱。模型（7－4）检验了外部经理人市场成熟度对高管声誉与长期并购绩效关系的调节效应，结果显示：Repu×MMI 的系数显著为正且通过了5%水平上的显著性检验，这说明外部经理人市场越成熟，高管声誉与长期并购绩效的正向关系越强，验证了假设 H7－4。如上所述，外部经理人市场越成熟，声誉机制以及经理人流动机制越成熟，管理者为了自身的职业发展会更加珍惜自己的声誉，因此外部经理人市场成熟度会增强高管声誉与长期并购绩效的正向关系。

表7－11　　　　高管声誉与长期并购绩效关系的调节效应回归结果

变量	模型（7－1）	模型（7－2）	模型（7－3）	模型（7－4）
Repu	0.003 ** (2.19)	0.003 ** (2.06)	0.003 (1.37)	0.003 * (1.77)
Repu×Age	0.000 * (1.80)			
Repu×Career		0.002 * (1.85)		

续表

变量	模型（7-1）	模型（7-2）	模型（7-3）	模型（7-4）
Repu × Soe			-0.000 ** (-2.16)	
Repu × MMI				0.001 ** (2.32)
Career		0.002 (0.37)		
MMI				0.000 (0.29)
Shares	-0.000 (-0.19)	-0.000 (-0.18)	-0.000 (-0.17)	-0.000 (-0.16)
Sex	-0.004 (-0.63)	-0.004 (-0.66)	-0.004 (-0.65)	-0.004 (-0.59)
Age	0.000 (0.28)	0.000 (0.11)	0.000 (0.27)	0.000 (0.25)
Dealsize	0.012 *** (5.17)	0.012 *** (5.18)	0.012 *** (5.18)	0.012 *** (5.15)
Paymethod	-0.009 *** (-2.98)	-0.009 *** (-2.97)	-0.009 *** (-2.97)	-0.009 *** (-2.95)
Pb	-0.001 ** (-2.31)	-0.001 ** (-2.34)	-0.001 ** (-2.34)	-0.001 ** (-2.35)
Fcf	-0.034 *** (-2.68)	-0.033 *** (-2.65)	-0.034 *** (-2.68)	-0.033 *** (-2.61)
Growth	-0.000 (-0.51)	-0.000 (-0.50)	-0.000 (-0.51)	-0.000 (-0.53)
Top1	-0.000 (-0.12)	-0.000 (-0.17)	-0.000 (-0.14)	-0.000 (-0.22)
Soe	-0.000 (-0.13)	-0.000 (-0.09)	-0.000 (-0.13)	-0.000 (-0.14)
Asset	-0.005 *** (-2.81)	-0.005 *** (-2.76)	-0.005 *** (-2.80)	-0.005 *** (-2.80)

续表

变量	模型（7-1）	模型（7-2）	模型（7-3）	模型（7-4）
Lev	0.047 ***	0.047 ***	0.047 ***	0.047 ***
	(5.56)	(5.51)	(5.55)	(5.54)
Constant	0.097 **	0.093 **	0.097 **	0.096 **
	(2.22)	(2.07)	(2.22)	(2.21)
Industry/Year	Yes	Yes	Yes	Yes
Observations	3051	3051	3051	3051
R-Squared	0.139	0.140	0.139	0.140
调整 R^2	0.112	0.112	0.112	0.112

注：括号内为 t 值；*、**、*** 分别表示在 10%、5%、1% 的水平上显著。

7.4 稳健性和内生性检验

前文在进行回归分析时，已经通过对变量滞后一期的方式减弱了内生性问题，同时通过构建声誉综合评价指标体系的方式也进一步减弱了内生性问题。为了进一步增强本书检验结果的稳健性，本书继续进行如下检验。

前文采用声誉综合评价指标体系各指标得分的加总（积分变量）来衡量高管声誉水平的高低。为了增强检验结果的稳健性，与第 5 章类似，本书继续采用主成分分析法确定高管声誉水平（Repu_P）来进行回归检验，检验结果与前文回归结果无实质性差异。

前文采用并购事件前后 5 个交易日的累积超额收益率衡量短期并购绩效 CAR [-5，5]，借鉴吴昊洋（2017）、宋贺和段军山（2019）等的做法，通过更改事件窗口期的方式来进行稳健性检验。本书采用并购事件宣告日前后 10 天的累积超额收益率来计算短期并购绩效 CAR [-10，10]，回归结果如表 7-12 所示。结果表明：CAR [-10，10] 与 Repu 的相关系数显著为正，Repu×Age 的系数显著为正，Repu×Career 的系数显著为正，Repu×Soe 的系数显著为负，Repu×MMI 的系数显著为正，检验结果与前文回归结果无实质性差异。

表 7 - 12　　　　短期并购绩效［-10，10］的稳健性检验结果

变量	模型（7-1）	模型（7-2）	模型（7-3）	模型（7-4）	模型（7-5）	模型（7-6）
Repu		0.003** (2.33)	0.000** (2.14)	0.003** (2.32)	0.004* (1.81)	0.003** (2.26)
Repu × Age			0.002* (1.86)			
Repu × Career				0.001* (1.87)		
Repu × Soe					-0.012** (-2.30)	
Repu × MMI						0.003** (2.17)
Career				0.005 (0.17)		
MMI						0.002 (0.47)
Shares	0.001 (0.94)	0.001 (0.97)	0.001 (1.00)	0.001 (0.98)	0.001 (0.92)	0.001 (1.01)
Sex	0.007 (0.16)	0.007 (0.18)	0.004 (0.10)	0.008 (0.18)	0.008 (0.19)	0.008 (0.20)
Age	0.002 (1.37)	0.002 (1.31)	0.002 (1.30)	0.002 (0.97)	0.002 (1.31)	0.002 (1.25)
Dealsize	0.093*** (5.78)	0.092*** (5.74)	0.093*** (5.80)	0.092*** (5.74)	0.092*** (5.74)	0.092*** (5.72)
Paymethod	-0.152*** (-6.99)	-0.152*** (-6.99)	-0.151*** (-6.94)	-0.152*** (-6.98)	-0.152*** (-6.98)	-0.153*** (-6.99)
Pb	-0.004 (-0.97)	-0.004 (-0.93)	-0.004 (-1.03)	-0.004 (-0.94)	-0.004 (-0.94)	-0.004 (-0.88)
Fcf	0.048 (0.54)	0.048 (0.54)	0.048 (0.54)	0.048 (0.54)	0.047 (0.53)	0.052 (0.58)
Growth	-0.006 (-0.90)	-0.006 (-0.91)	-0.006 (-0.91)	-0.006 (-0.91)	-0.006 (-0.93)	-0.006 (-0.91)
Top1	-0.001 (-0.75)	-0.000 (-0.72)	-0.001 (-0.82)	-0.000 (-0.72)	-0.001 (-0.74)	-0.000 (-0.72)
Soe	-0.030 (-1.23)	-0.031 (-1.26)	-0.032 (-1.27)	-0.031 (-1.25)	-0.034 (-1.33)	-0.031 (-1.25)
Asset	-0.028** (-2.42)	-0.028** (-2.41)	-0.028** (-2.38)	-0.028** (-2.41)	-0.028** (-2.39)	-0.028** (-2.35)

续表

变量	模型 (7-1)	模型 (7-2)	模型 (7-3)	模型 (7-4)	模型 (7-5)	模型 (7-6)
Lev	0.176 ***	0.176 ***	0.174 ***	0.176 ***	0.175 ***	0.172 ***
	(2.96)	(2.97)	(2.94)	(2.96)	(2.94)	(2.88)
Constant	0.893 ***	0.896 ***	0.892 ***	0.908 ***	0.895 ***	0.885 ***
	(2.92)	(2.92)	(2.91)	(2.88)	(2.92)	(2.88)
Industry/Year	Yes	Yes	Yes	Yes	Yes	Yes
Observations	3051	3051	3051	3051	3051	3051
R-Squared	0.185	0.185	0.187	0.185	0.185	0.186
调整 R^2	0.160	0.160	0.161	0.158	0.159	0.159

注：括号内为 t 值；*、**、*** 分别表示在 10%、5%、1% 的水平上显著。

前文采用并购企业并购宣告日前后 1 年的 ROA 之差 $\Delta ROA_{t-1,t+1}$ 来衡量长期并购绩效，为了增强检验结果的稳健性，借鉴姚晓林（2016）、鉴宋贺和段军山（2019）等的做法，以并购宣告日前后两年 ROA 均值之差 $\Delta ROA_{t-2,t+2}$ 来衡量长期并购绩效，结果如表 7-13 所示。结果显示：$\Delta ROA_{t-2,t+2}$ 与 Repu 的相关系数显著为正，Repu×Age 的系数显著为正，Repu×Career 的系数显著为正，Repu×Soe 的系数显著为负，Repu×MMI 的系数显著为正，检验结果与前文回归结果无实质性差异。

表 7-13　长期并购绩效 ΔROA（t-2, t+2）的稳健性检验结果

变量	模型 (7-1)	模型 (7-2)	模型 (7-3)	模型 (7-4)	模型 (7-5)	模型 (7-6)
Repu		0.002 **	0.002 **	0.002 **	0.002	0.002 *
		(2.48)	(2.37)	(2.30)	(1.33)	(1.87)
Repu×Age			0.000 *			
			(1.77)			
Repu×Career				0.005 *		
				(1.83)		
Repu×Soe					-0.002 **	
					(-2.44)	
Repu×MMI						0.001 *
						(1.87)
Career				0.004		
				(0.80)		

续表

变量	模型 (7-1)	模型 (7-2)	模型 (7-3)	模型 (7-4)	模型 (7-5)	模型 (7-6)
MMI						0.001
						(0.79)
Shares	-0.000	-0.000	-0.000	-0.000	-0.000	-0.000
	(-0.62)	(-0.44)	(-0.43)	(-0.44)	(-0.40)	(-0.46)
Sex	-0.006	-0.006	-0.006	-0.006	-0.006	-0.005
	(-0.97)	(-0.88)	(-0.91)	(-0.92)	(-0.89)	(-0.81)
Age	0.000	0.000	0.000	0.000	0.000	0.000
	(1.36)	(1.54)	(1.55)	(0.38)	(1.54)	(1.56)
Dealsize	0.010 ***	0.010 ***	0.010 ***	0.010 ***	0.010 ***	0.009 ***
	(4.14)	(4.02)	(4.03)	(4.01)	(4.02)	(3.98)
Paymethod	-0.008 **	-0.008 **	-0.008 **	-0.008 **	-0.008 **	-0.008 **
	(-2.39)	(-2.47)	(-2.45)	(-2.48)	(-2.47)	(-2.44)
Pb	-0.001	-0.001	-0.001	-0.001	-0.001	-0.001
	(-1.57)	(-1.40)	(-1.43)	(-1.41)	(-1.39)	(-1.46)
Fcf	-0.041 ***	-0.041 ***	-0.041 ***	-0.040 ***	-0.041 ***	-0.040 ***
	(-3.09)	(-3.10)	(-3.10)	(-3.04)	(-3.09)	(-3.04)
Growth	0.001	0.001	0.001	0.001	0.001	0.001
	(1.53)	(1.48)	(1.48)	(1.51)	(1.50)	(1.46)
Top1	0.000	0.000	0.000	0.000	0.000	0.000
	(0.75)	(0.85)	(0.82)	(0.78)	(0.86)	(0.74)
Soe	-0.003	-0.003	-0.003	-0.002	-0.003	-0.003
	(-0.89)	(-0.70)	(-0.69)	(-0.64)	(-0.77)	(-0.71)
Asset	-0.005 ***	-0.005 ***	-0.005 ***	-0.005 ***	-0.005 ***	-0.005 ***
	(-3.07)	(-3.06)	(-3.04)	(-2.98)	(-3.07)	(-3.10)
Lev	0.055 ***	0.055 ***	0.055 ***	0.054 ***	0.055 ***	0.056 ***
	(6.20)	(6.23)	(6.21)	(6.12)	(6.24)	(6.26)
Constant	0.141 ***	0.141 ***	0.141 ***	0.131 **	0.141 ***	0.143 ***
	(2.83)	(2.83)	(2.82)	(2.57)	(2.83)	(2.86)
Industry/Year	Yes	Yes	Yes	Yes	Yes	Yes
Observations	3051	3051	3051	3051	3051	3051
R-Squared	0.131	0.133	0.134	0.137	0.134	0.135
调整 R^2	0.106	0.107	0.106	0.109	0.106	0.106

注：括号内为 t 值；*、**、*** 分别表示在10%、5%、1%的水平上显著。

7.5 本章小结

本章选取我国上市公司 2009～2016 年的并购事件为样本，在第 5 章和第 6 章研究基础上，进一步探讨了高管声誉对并购绩效的影响，同时检验了职业生涯阶段、产权性质以及外部经理人市场对高管声誉与并购绩效关系的调节作用。本章具体的研究结论如下：一是高管声誉与并购绩效显著正相关，这说明并购企业的高管声誉越高，并购绩效越高；二是相比于职业生涯初期，处于职业生涯后期的高管，其声誉与并购绩效的正向关系更显著，这是因为职业生涯后期的高管拥有的经验以及社会资本更丰富，更有利于并购后的资源整合；三是相比于国有企业，非国有企业中高管声誉与并购绩效的正向关系更显著，这是因为国有企业中声誉机制难以有效发挥，同时国有企业缺乏有效的监督机制。四是外部经理人市场越成熟，高管声誉与并购绩效的正向关系越显著，这是因为外部经理人市场越成熟，声誉机制以及经理人流动机制也越成熟，这会增强高管声誉对并购绩效的正向影响。

本章研究具有重要的理论意义和现实意义。从理论意义上来讲，本章研究丰富了高管声誉相关研究以及企业并购绩效影响因素的相关研究。从现实意义上来讲，本章研究结果启示我们在并购中要充分利用声誉等社会资本，降低交易成本，提升并购整合能力，减少并购整合中的冲突，提高并购绩效。

| 8 |
研究结论与政策建议、未来研究方向

8.1 结 论

本书以我国 A 股上市公司 2009～2016 年的数据为样本，采用事件研究法，对高管声誉与企业并购的关系进行了丰富、详尽的研究。具体来说，本书构建了高管声誉的综合评价指标体系，然后立足于并购决策、并购溢价以及并购绩效三个维度，理论分析并实证检验了高管声誉与企业并购的关系，同时检验了职业生涯阶段、产权性质以及外部经理人市场等因素对高管声誉与企业并购关系的调节作用；与此同时，本书还对高管声誉影响企业并购的作用机制进行了分析，并选取相关变量进行了检验。本书的主要研究结论如下。

第一，高管声誉对并购决策具有正向影响，这说明拥有较高声誉的高管更容易发起并购，声誉能够激励高管勇于做出风险投资决策。处于职业生涯前期时，高管声誉对并购决策的正向影响更强，这是因为相比于处于职业生涯后期的高管，处于职业生涯前期的高管风险规避倾向更小，更加勇于做出风险投资决策，这增强了高管声誉对并购决策的正向影响。基于融资约束视角，本书检验了高管声誉影响并购决策的作用路径，研究发现当企业面临的融资约束较大时，高管声誉对并购决策的正向影响更大，这意味着在企业面临高融资约束的环境下，高管声誉的边际效应更强。这说明高管声誉能够通过资源效应帮助企业降低融资约束，为并购提供更多的资金保障，从而增强了高管声誉对企业并购决策的促进作用。

第二，高管声誉对并购溢价具有负向影响，这说明拥有较高声誉的高管在并购交易中的并购溢价更低。在职业生涯后期时，高管声誉对并购溢价的负向影响更强，这是由于职业生涯后期的高管具有更丰富的经验和更强的信息资源获取能力，从而增加了高管声誉对并购溢价的负向影响。进一步讲，并购企业面临的信息不对称程度越高，高管声誉对并购溢价的负向影响越强，这说明高管声誉能够发挥资源效应，帮助并购公司降低信息不对称程度，从而降低并购溢价。

第三，高管声誉对并购绩效具有正向影响，这说明拥有较高声誉的高管能够提高并购绩效；在职业生涯后期，高管声誉对并购绩效的正向影响更强，这是因为处在职业生涯后期的高管拥有更为丰富的社会资本和管理经验，更有利于并购之后的资源整合。在非国有企业中，高管声誉对并购绩效的正向影响更强，外部经理人市场成熟度越高，高管声誉对并购绩效的正向影响越强，这是因为当外部经理人市场较为成熟时，高管会更加珍惜自己的声誉，从而增强了高管声誉对并购绩效的正向影响。

简言之，本书的主要结论为：一是高管声誉与并购决策呈正相关关系；高管处于职业生涯前期时，高管声誉与并购决策的正向关系更强；相比于国有企业，非国有企业中高管声誉对并购决策的正向影响更大；当并购企业面临较大的融资约束时，高管声誉对并购决策的正向影响更大。二是高管声誉与并购溢价显著负相关；高管处于职业生涯后期时，高管声誉对并购溢价的负向影响更大；在非国有企业中，高管声誉对并购溢价的负向影响更大；当并购企业面临的信息不对称程度较高时，高管声誉对并购溢价的负向影响更大。三是高管声誉与并购绩效显著正相关；高管处于职业生涯后期时，高管声誉对并购绩效的正向影响更大；在非国有企业中，高管声誉对并购绩效的正向影响更大；外部经理人市场越成熟，高管声誉对并购绩效的正向影响更大。

8.2　政策建议

上述研究表明，在中国的社会文化和制度背景下，声誉能够有效发挥其治理效应和资源效应，抑制管理者在企业并购中的私利行为，激励高管勇于做出并购决策，降低并购溢价，并提高并购绩效。与此同时，本书研究结果还表明，高管自身所处的职业生涯阶段、并购企业产权性质以及外部经理人市场成熟度等都会对高管声誉与企业并购的关系产生影响。因此，根据上述研究结果，本书提出以下政策建议。

（1）建立企业高管声誉考核和激励机制。

现阶段，企业的高管激励方式主要以货币薪酬激励、股权激励以及晋升激励等方式为主，但这些激励方式仅仅是从物质层面给与管理者一定的激励，且效果有限。美国心理学家马斯洛在 1943 年《人类激励理论》一文中提出，人的需求从低到高具有五个层次，分别为生理需求、安全需求、社交需求、尊重需求以及自我实现需求。对于管理者而言，薪酬、股权等物质层面的激励固然能起到一定的作用，但这些激励仅仅满足的是管理者较为低层次的需求，对于较高层次的需求如尊重需求以及自我实现需求等还尚未涉及。因此，声誉激励相对于货币薪酬激励以及股权激励等，属于较高层次的需求激励。声誉机制的建立不仅需要相应的企业文化相配套，还需要通过一定的制度设计来实现。一是要建立企业声誉考评机制。针对高管所在部门的业务类型，制定相应的声誉考核表，可以从上下级评价、业务绩效以及企业外客户满意度等维度对高管声誉进行打分，并将考核成绩反馈给董事会以及股东会，通过这种机制使高管意识到自身在企业中的声誉水平，从而强化声誉对高管的激励约束效果。二是通过传记等形式记载企业的重要成果，间接反映高管的成就以及其他员工和利益相关者对高管的认同，从而强化声誉激励效果。三是完善企业嘉奖机制，对声誉良好、业绩突出的高管进行公开表彰及奖励，使管理者认识到声誉在企业中的重要性。

（2）加强外部经理人市场建设。

由于我国现代企业制度建立较晚，因此我国在经理人培养力度、方法和经理人能力上都有待加强和完善，市场上素质高、职业能力强的经理人以及对人力资源流通起到重要作用的中介机构的数量有待提高，这对于经理人流通十分重要。与此同时，经理人资源的流通和价值的实现离不开对经理人有效、客观的评价，但我国职业经理人市场评价机制也尚未健全，为了推动职业经理人市场建设，需要从以下几个方面入手：一是要加大对职业经理人的培育力度，增加市场上高素质的职业经理人的数量，提高市场竞争程度，这是建立健全职业经理人市场的基础和保障；二是要建立职业经理人认证制度，完善职业经理人认证流程，统一认证标准，建立权威的认证体系；三是要建立健全配套的相关法律法规，为职业经理人的流通提供制度保障，在产生纠纷时能够有效保护合法合理的一方，净化职业经理人市场交易环境。

另外，我国经理人从外部选聘的比例还较低。目前，我国企业的 CEO 选聘绝大部分是从企业内部产生，只有 20% 左右的企业从外部选聘 CEO，且这种情况往往发生在公司需要进行大的变革时候。这种情况的出现，一方面是因为我国经理人市场还不完善，市场上存在的有效经理人供给不足；另一方面是因为外部 CEO 相对于内部 CEO 来讲的确存在一定的劣势。相对于内部管理者，外来 CEO 需要花费较长的时间来熟悉组织环境以及企业业务，在组织关系方面也不如内部 CEO，这一定程度上不利于经营管理业务的开展。与此同时，如果企业长期采用外部选聘，会阻塞内部员工的晋升通道，不利于员工工作积极性的提高。因此，很多企业倾向于从内部选拔和任命 CEO。虽然从外部选聘 CEO 存在一定的缺陷，但是从我国整个经理人市场的发展和完善来看，内部选聘不利于整体经理人素质和能力的提升。当外聘 CEO 比例上升时，经理人市场能够获得充分的流动性，这会激励经理人不断提升自身的能力和素质，以求在未来的市场竞争中获得竞争优势。与此同时，只有当外部经理人市场不断发展完善时，声誉机制才能有效发挥其激励约束作用，声誉好的经理人会获得更好的市场机会和更高的薪酬，因此经理人会为了获得良好的市场声誉而努力工作，减少机会主义行为，从而不断提升自己的声誉，进而形成良性循环。因此，只有适当的提高外部选聘的比例，才有利于我国外部经理人市场的长远发展。

（3）完善国有企业经理人选聘机制和激励机制。

中共中央、国务院 2015 年颁发的《关于深化国有企业改革的指导意见》提出，要推行职业经理人制度，实行内部培养和外部引进相结合，畅通现有经营管理者与职业经理人身份转换通道，董事会按市场化方式选聘和管理职业经理人，合理增加市场化选聘比例。如果国有企业高管是通过竞争性的市场来选择，那么外部经理人市场会给国有企业高管施加压力从而抑制管理者私利行为，减少代理成本。从某种意义上来讲，国有企业的代理问题也许完全可以通过高管市场化选聘的方式来解决（袁春生等，2008）。因此，国有企业可以逐步减少直接委派高管的比例，并逐步提升市场化选聘的高管比例，逐步完善合理有效的高管选聘机制。此外，国有企业在经理人选聘流程和机制上也需要不断完善，主要从以下几方面开展：一是制定科学的人才筛选流程，为真正优秀的经理人提供良好的入职通道，去除不利要的筛选流程，提高选聘效率；二是要明确选聘主体和客体，杜绝越位现象的发生，同时增加选聘客体的范畴，扩大经理人选聘范围；三是建立科学的选聘方法和流程，逐渐减少过去形式化的选聘流程，建立较为科学的选聘体系和流程，提高选聘效率。

从激励机制上来讲，应该在声誉激励基础上，形成多元化的激励机制。在薪酬激励上，通过建立合理的考核机制实现薪酬与绩效挂钩，提高薪酬激励的效果；此外，要积极探索中长期的激励模式，如经营者持股、晋升激励等。通过声誉激励、薪酬激励、晋升激励等多种激励方式相协同，实现对国有企业中管理者的有效激励。

（4）注重声誉积累，充分发挥声誉在企业并购中的作用。

从本书的研究结果可以看出，高管声誉对于企业并购活动具有重要的影响，这种影响主要体现在高管声誉能够提升企业获取资金、信息等资源的能力。这启示企业或管理者在日常经营活动中要注重声誉等社会资本的积累。一方面，企业要充分认识到声誉的重要性，注重声誉的积累。企业在经营中要与供应商、政府以及消费者等其他利益相关者建立良好的合作关系，杜绝损害企业声誉的违规行为出现，在行业内建立良好的声誉和威信，逐步提高声誉水平；同时企业在招聘过程中，要多引进具有较高声誉的高管，并将高管声誉内化为企业声誉。另一方面，要积极发挥声誉在企业并购中的作用，利用企业或高管良好的声誉获取足够多的资金支持，同时利用企业或高管的社会网络获取目标企业足够的信息，降低信息不对称程度，提高并购绩效。

8.3　研究局限与展望

由于本书的能力和研究条件有限，本书的研究还存在较多的不足之处，需要在日后的研究中继续完善。第一，由于高管声誉具有不可直接观测性，因此采用何种度量方法才能更加准确地体现高管声誉水平一直以来是学者们讨论的重要议题。参考以往的研究文献以及考虑到数据的可获得性，本书构建了高管声誉综合评价指标体系对高管声誉进行测量，但任何评价体系都会存在一定的缺陷，因此在日后的研究中需要不断完善声誉评价体系，或者寻找更加合适的替代变量对高管声誉进行测度。第二，本书在对高管声誉影响企业并购的机制研究上，仅从融资约束视角以及信息不对称视角对高管声誉的资源效应进行了相关检验，对于高管声誉的治理效应机制未进行相应的检验，这也是未来需要进一步完善的地方。第三，本书仅检验了高管职业生涯阶段、产权性质以及外部经理人市场等因素对高管声誉与企业并购关系的影响，但还有其他能够影响两者关系的因素还未检验，这是未来需要进一步拓展研究的地方。第四，由于高管声誉评价体系中的部分相关数据为手工统计，工作量较大，且受制于长期并购绩效的测度方法，本书样本数据统计时长仅为2009~2016年（实际搜集和处理数据所涉及的时间段为2007~2018年），未来研究中需要继续扩大样本数据观测值，争取得到更加准确的统计检验结果。

虽然本书对高管声誉与企业并购的关系进行了较为丰富的研究，但结合以往的研究成果，以下研究方向值得继续思考和完善。

第一，高管声誉与企业并购关系影响因素的其他研究。本书选取了相关变量对高管声誉与企业并购关系的影响因素进行了研究，但是由于研究篇幅以及研究精力有限，尚有许多能够影响高管声誉与企业并购关系的因素未被纳入研究体系中，值得进一步探讨。我们认为，管理者过度自信等心理特质会影响到高管声誉治理效应的发挥。例如，对于拥有较高声誉的高管来讲，如果其存在过度自信的心理特质，那么该特质会强化高管声誉的激励效应，表现为在投资决策中更加勇于选择高风险高收益的项目。在外部环境层面，除了经理人市场外，宗教文化等也会影响高管声誉机制的效果，例如，在东方社会文化背景下，声誉在个体的社会交往中扮演着十分重要的角色，经理人对于声誉更加地珍惜，因此，高管声誉起到的激励作用可能更大。

第二，高管声誉对其他企业战略决策的影响。本书主要对高管声誉与企业并购的关系进行了研究，但国内对于高管声誉与其他战略决策的研究还较少，还有许多方向值得继续研究和探讨。例如，高管声誉是否促进了企业的多元化发展？企业多元化发展需要管理团队拥有较多的异质性信息和资源，而拥有较高声誉的高管，其社会网络关系也较为丰富，这能够给企业带来较多的异质性信息和资源，帮助企业顺利实现多元化发展。除此之外，高管声誉对股利支付政策的影响、高管声誉对R&D投入的影响等都值得进一步研究。

　　第三，高管团队声誉相关研究。本书对声誉激励效果进行研究时，将高管中的 CEO 作为研究主体。虽然 CEO 在整个高管团队中处于最为核心的位置，但是在实际情形中，企业的投资决策往往是高管团队共同参与下制定和执行的。因此，未来对声誉效应进行研究时，可以对高管团队声誉进行度量，探讨高管团队声誉对企业战略决策的影响。

参考文献

［1］布迪厄. 文化资本与社会炼金术［M］. 包亚明，译. 上海：上海人民出版社，1997.

［2］陈冬华，陈信元，万华林. 国有企业中的薪酬管制与在职消费［J］. 经济研究，2005.

［3］陈浩，刘春林. 高管晋升激励与并购支付决策［J］. 软科学，2017, 31（12）.

［4］程路. 管理层权力、评估机构声誉与资产评估溢价［D］. 厦门：厦门大学，2018.

［5］醋卫华，李培功，Cu Weihua，等. 媒体追捧与明星 CEO 薪酬［J］. 南开管理评论，2015, 18（1）：118 - 129.

［6］陈仕华，姜广省，卢昌崇. 董事联结、目标公司选择与并购绩效——基于并购双方之间信息不对称的研究视角［J］. 管理世界，2013（12）：117 - 132.

［7］陈仕华，卢昌崇，姜广省，等. 国企高管政治晋升对企业并购行为的影响——基于企业成长压力理论的实证研究［J］. 管理世界，2015（9）：125 - 136.

［8］陈仕华，李维安. 并购溢价决策中的锚定效应研究［J］. 经济研究，2016（6）：114 - 127.

［9］董权宇. 并购协同效应与溢价研究［D］. 北京：对外经济贸易大学，2006.

［10］董维明，葛晶，黄谦. 外部经理人市场与公司内部治理对盈余管理的影响作用：替代或互补？［J］. 审计与经济研究，2018, 33（3）：94 - 102.

［11］冯根福，吴林江．我国上市公司并购绩效的实证研究［J］．经济研究，2001（1）：54－61．

［12］方军雄．政府干预、所有权性质与企业并购［J］．管理世界，2008（9）：118－123．

［13］傅强，方文俊．管理者过度自信与并购决策的实证研究［J］．商业经济与管理，2008，2008（4）：76－80．

［14］高雷，宋顺林．治理环境、治理结构与代理成本——来自国有上市公司面板数据的经验证据［J］．经济评论，2007（3）：35－40．

［15］葛结根．并购支付方式与并购绩效的实证研究——以沪深上市公司为收购目标的经验证据［J］．会计研究，2015（9）：74－80．

［16］顾群，翟淑萍，苑泽明．高新技术企业融资约束与R&D投资效率关系研究［J］．经济经纬，2012（5）：77－81．

［17］宫玉松．上市公司股权激励问题探析［J］．经济理论与经济管理，2012，32（11）：78－83．

［18］关伯明，邓荣霖，彭华伟．公司股权结构对海外并购绩效的影响研究［J］．现代管理科学，2015（9）：21－23．

［19］韩洪灵，袁春生．市场竞争、经理人激励与上市公司舞弊行为——来自中国证监会处罚公告的经验证据［J］．经济理论与经济管理，2007，（8）：57－62．

［20］扈文秀，贾丽娜．基于并购动机视角的并购溢价影响因素研究［J］．西安理工大学学报，2014（2）：238－245．

［21］黄群慧，李春琦．报酬、声誉与经营者长期化行为的激励［J］．中国工业经济，2001（1）：58－63．

［22］黄兴孪，沈维涛．政府干预、内部人控制与上市公司并购绩效［J］．经济管理，2009（6）：70－76．

［23］黄岩，刘淑莲．关联并购与大股东利益输送［J］．兰州商学院学报，2013，29（2）：106－113．

［24］冀县卿．我国上市公司经理层激励缺失及其矫正［J］．管理世界，2007（4）：160－161．

［25］简·雅各布斯．美国大城市的死与生［M］．金衡山译．上海：译

林出版社，2008.

[26] 江乾坤，杨琛如. 中国企业海外并购溢价决策影响因素实证分析 [J]. 技术经济，2015，34（5）：104－111.

[27] 蒋薇薇，王喜，JIANG Wei-wei，et al. 企业家声誉会影响民营企业商业信用融资吗 [J]. 贵州财经大学学报，2015，33（3）：39.

[28] 金雪军，郑丽婷. 谁能成为明星 CEO——管理者声誉的来源及影响 [J]. 经济理论与经济管理，2015，35（9）：86－100.

[29] 金智，徐慧，马永强. 儒家文化与公司风险承担 [J]. 世界经济，2017（11）：172－194.

[30] 姜英兵. 双重政治联系与并购溢价——基于 2003—2012 年 A 股上市公司并购事件的实证研究 [J]. 宏观经济研究，2014（2）：63－71.

[31] 黎文靖，岑永嗣，胡玉明. 外部薪酬差距激励了高管吗——基于中国上市公司经理人市场与产权性质的经验研究 [J]. 南开管理评论，2014，17（4）：24－35.

[32] 李彬，郭菊娥，苏坤. 企业风险承担：女儿不如男吗？——基于 CEO 性别的分析 [J]. 预测，2017（3）.

[33] 李彬，秦淑倩，LIBin，等. 管理层能力、投资银行声誉与并购绩效反应 [J]. 北京交通大学学报（社会科学版），2016，15（2）：61－70.

[34] 李彬，秦淑倩. 管理层能力、投资银行声誉与并购绩效反应 [J]. 北京交通大学学报（社会科学版），2016，15（2）：61－70.

[35] 李辰颖，刘红霞，LI Cheng-ying，等. 基于买方市场理论的 CEO 声誉与商业信用融资关系研究 [J]. 经济与管理研究，2013（8）：39－47.

[36] 李辰颖，杨海燕，LiChenying，等. CEO 声誉受哪些因素影响：理论与实证 [J]. 当代经济管理，2012，34（3）：19－26.

[37] 罗富碧，冉茂盛，杜家廷. 高管人员股权激励与投资决策关系的实证研究 [J]. 会计研究，2008（8）：69－76.

[38] 李海霞. 并购中目标企业价值评估问题研究 [D]. 成都：西南财经大学，2008.

[39] 李军林，李天有，王增新. 经营者声誉与国有企业的经营绩效——一种博弈论的分析视角 [J]. 经济学动态，2005（10）：40－43.

［40］李青原，刘习顺．监督型基金持股降低了企业风险承担吗？——基于投资组合的视角［J］．证券市场导报，2016（12）：69-77．

［41］李瑞，马德芳，祁怀锦．高管薪酬与公司业绩敏感性的影响因素——来自中国 A 股上市公司的经验证据［J］．现代管理科学，2011（9）：14-16．

［42］李善民，曾昭灶，王彩萍，等．上市公司并购绩效及其影响因素研究［J］．世界经济，2004（9）：60-67．

［43］李维安，陈钢．高管持股、会计稳健性与并购绩效——来自沪深A股上市公司的经验证据［J］．审计与经济研究，2015，30（4）：3-12．

［44］李文贵，余明桂．所有权性质、市场化进程与企业风险承担［J］．中国工业经济，2012（12）：115-127．

［45］李小荣，张瑞君．股权激励影响风险承担：代理成本还是风险规避？［J］．会计研究，2014（1）：57-63．

［46］李曜，宋贺．风险投资支持的上市公司并购绩效及其影响机制研究［J］．会计研究，2017（6）：60-66．

［47］李忠民，仇群．上市公司绩效与企业家声誉的相关性研究［J］．技术与创新管理，2010，31（5）：555-559．

［48］连兵，徐晓莉．上市公司高管年龄、性别与企业绩效的关系研究［J］．商，2015（23）．

［49］梁权熙，詹学斯．管理层股权激励、股权分置改革与公司风险承担［J］．中南财经政法大学学报，2016（6）．

［50］廖冠民，沈红波．国有企业的政策性负担：动因、后果及治理［J］．中国工业经济，2014（6）：96-108．

［51］林丽，易波波．公司治理对并购绩效影响的研究［J］．商业会计，2011（34）：54-55．

［52］刘丽颖．中国上市公司高管声誉的效应研究［D］．天津：南开大学，2013．

［53］林南．社会资本：关于社会结构与行动的理论［M］．上海：上海人民出版社，2005．

［54］刘鑫，薛有志，严子淳．公司风险承担决定因素研究——基于两

权分离和股权制衡的分析 [J]. 经济与管理研究, 2014 (2): 47-55.

[55] 刘莉, 温丹丹. 股权激励与长期并购绩效的实证研究——基于制造业 A 股上市公司数据 [J]. 云南财经大学学报, 2014 (6): 127-132.

[56] 刘文楷. 企业家生命周期、企业家社会资本和跨地区并购研究 [D]. 济南: 山东大学, 2018.

[57] 刘鑫, 薛有志. CEO 接班人遴选机制与 CEO 变更后公司风险承担研究——基于 CEO 接班人年龄的视角 [J]. 管理评论, 2016, 28 (5): 137-149.

[58] 卢锐. 管理层权力、薪酬与业绩敏感性分析——来自中国上市公司的经验证据 [J]. 当代财经, 2008 (7).

[59] 陆正飞, 王雄元, 张鹏. 国有企业支付了更高的职工工资吗? [J]. 经济研究, 2012 (3): 28-39.

[60] 刘凤委, 孙铮, 李增泉. 政府干预、行业竞争与薪酬契约——来自国有上市公司的经验证据 [J]. 管理世界, 2007 (9): 76-84.

[61] 刘惠萍, 张世英. 基于声誉理论的我国经理人动态激励模型研究 [J]. 中国管理科学, 2005, 13 (4): 78-86.

[62] 李善民, 朱滔. 多元化并购能给股东创造价值吗? ——兼论影响多元化并购长期绩效的因素 [J]. 管理世界, 2006 (3): 129-137.

[63] 李善民, 曾昭灶, 王彩萍, 等. 上市公司并购绩效及其影响因素研究 [J]. 世界经济, 2004 (9): 60-67.

[64] 李胜楠, 牛建波. 高管权力研究的述评与基本框架构建 [J]. 外国经济与管理, 2014, 36 (7): 3-13.

[65] 姜付秀, 张敏, 陆正飞, 等. 管理者过度自信、企业扩张与财务困境 [J]. 经济研究, 2009.

[66] 马海霞, 陶兴娟, 蒋薇薇. 企业家声誉强度与商业信用融资 [J]. 合作经济与科技, 2015 (10): 48-50.

[67] 马连福, 刘丽颖. 高管声誉激励对企业绩效的影响机制 [J]. 系统工程, 2013 (5): 26-36.

[68] 潘爱玲, 王淋淋. 产权属性、政治关联与文化企业并购绩效 [J]. 华中师范大学学报 (人文社会科学版), 2015, 54 (3): 89-100.

［69］潘颖，王凯．上市公司董事会治理与并购绩效关系的实证研究［J］．西北大学学报（哲学社会科学版），2014，44（1）：176-182.

［70］丘海雄，张应祥．理性选择理论述评［J］．中山大学学报（社会科学版），1998（1）：118-125.

［71］饶育蕾，王颖，王建新．CEO职业生涯关注与短视投资关系的实证研究［J］．管理科学，2012，25（5）：30-40.

［72］沈小秀．外部经理人市场、产品市场竞争与公司治理有效性［D］．南开大学，2014.

［73］史永东，朱广印．管理者过度自信与企业并购行为的实证研究［J］．金融评论，2010，2（2）：73-82.

［74］宋光辉，闫大伟．并购溢价协同效应分析［J］．特区经济，2007，219（4）：259-260.

［75］宋建波，文雯，王德宏．海归高管能促进企业风险承担吗——来自中国A股上市公司的经验证据［J］．财贸经济，2017（12）：113-128.

［76］苏坤．董事会规模与企业风险承担：产权性质与市场化进程的调节作用［J］．云南财经大学学报，2016（2）：139-148.

［77］苏坤．国有金字塔层级对公司风险承担的影响——基于政府控制级别差异的分析［J］．中国工业经济，2016（6）：127-143.

［78］孙俊华，陈传明．企业家社会资本与公司绩效关系研究——基于中国制造业上市公司的实证研究［J］．南开管理评论，2009，12（2）：28-36.

［79］田利辉，张伟．政治关联影响我国上市公司长期绩效的三大效应［J］．经济研究，2013（11）：71-86.

［80］唐清泉，朱瑞华，甄丽明．我国高管人员报酬激励制度的有效性——基于沪深上市公司的实证研究［J］．当代经济管理，2008，30（2）：59-65.

［81］唐宗明，蒋位．中国上市公司大股东侵害度实证分析［J］．经济研究，2002（4）：44-50.

［82］王栋，吴德胜．股权激励与风险承担——来自中国上市公司的证据［J］．南开管理评论，2016，19（3）：157-167.

［83］王化成，孙健，邓路，等．控制权转移中投资者过度乐观了吗？［J］．管理世界，2010（2）：38-45.

[84] 王菁华，茅宁，王杉. 宗教传统会促进企业风险承担吗？——基于组织成熟度的调节作用检验 [J]. 商业经济与管理，2017（9）：34-45.

[85] 王菁华，茅宁. 企业风险承担研究述评及展望 [J]. 外国经济与管理，2015（12）：44-58.

[86] 王江石. 并购支付方式与收购公司短期并购绩效研究 [J]. 沿海企业与科技，2010（11）：65-69.

[87] 王帅，徐宁，姜楠楠. 高管声誉激励契约的强度、效用及作用途径一个中国情境下的实证检验 [J]. 财经理论与实践，2016，37（3）.

[88] 王珍义，徐雪霞，肖皓. CEO 声誉、内部控制与商业信用融资关系的实证 [J]. 统计与决策，2017（21）：189-192.

[89] 王振山，石大林. 股权结构与公司风险承担间的动态关系——基于动态内生性的经验研究 [J]. 金融经济学研究，2014（3）：44-56.

[90] 魏立群，王智慧. 我国上市公司高管特征与企业绩效的实证研究 [J]. 南开管理评论，2002（4）.

[91] 吴兴华. 民营企业董事会与公司绩效关系实证研究——基于职业经理人行为选择视角 [J]. 广西社会科学，2010（4）：46-49.

[92] 吴益兵. 雪津啤酒并购高额溢价解析 [J]. 财务与会计，2008.

[93] 吴文锋，吴冲锋，刘晓薇. 中国民营上市公司高管的政府背景与公司价值 [J]. 经济研究，2008（7）：130-141.

[94] 王艳，李善民. 社会信任是否会提升企业并购绩效？[J]. 管理世界，2017，No.291（12）：125-140.

[95] 夏立军，方轶强. 政府控制、治理环境与公司价值——来自中国证券市场的经验证据 [J]. 经济研究，2005（5）：40-51.

[96] 席鑫，谌昕. 上市公司并购绩效的影响因素的实证研究 [J]. 工业技术经济，2010，29（9）：140-146.

[97] 谢珺，张越月. 基于 CEO 职业生涯关注的中国上市公司重组行为研究 [J]. 山西财经大学学报，2015，37（6）：82-90.

[98] 徐浩萍，罗炜. 投资银行声誉机制有效性——执业质量与市场份额双重视角的研究 [J]. 经济研究，2007（2）：124-136.

[99] 徐宁，吴晡玉. 高管声誉影响了上市公司权力配置吗？——双重

代理关系框架下的实证研究［J］. 现代财经（天津财经大学学报），2018，38（6）：31 – 44.

［100］彭志，肖土盛. 上市公司并购重组与内幕交易行为研究［J］. 证券市场导报，2018（1）：30 – 39.

［101］薛有志，马雯. 实际控制权性质、多元化进入方式与多元化经营业绩［J］. 经济管理，2008（Z1）：126 – 132.

［102］晏国菀，谢光华. 董事联结、董事会职能与并购绩效［J］. 科研管理，2017，38（9）：106 – 115.

［103］叶蓓. 管理者过度自信、投资—现金流敏感度与投资效率［D］. 武汉：华中科技大学，2008.

［104］杨超. 管理者过度自信与企业并购行为研究［D］. 大连：东北财政大学，2014.

［105］杨俊杰，曹国华. CEO 声誉、盈余管理与投资效率［J］. 软科学，2016，30（11）：71 – 75.

［106］杨青，周绍妮. 投资者保护能够降低并购溢价吗？——基于收购方公司成长压力视角［J］. 北京交通大学学报（社会科学版），2018，17（2）：71 – 81.

［107］姚冰湜，马琳，王雪莉，等. 高管团队职能异质性对企业绩效的影响：CEO 权力的调节作用［J］. 中国软科学，2015（2）：117 – 126.

［108］姚晓林，刘淑莲. CEO 股权激励会影响上市公司的并购决策吗——来自中国上市公司股权并购事件的经验证据［J］. 山西财经大学学报，2015，37（12）：91 – 102.

［109］于佳禾，陈海声. 产权性质、CEO 声誉与并购绩效相关性研究［J］. 会计之友，2014（15）：57 – 60.

［110］余明桂，李文贵，潘红波. 管理者过度自信与企业风险承担［J］. 金融研究，2013（1）：149 – 163.

［111］余鹏翼，王满四. 国内上市公司跨国并购绩效影响因素的实证研究［J］. 会计研究，2014（3）：64 – 70.

［112］余鹏翼，王满四. 上市公司董事多重职位与企业并购绩效研究［J］. 中国软科学，2018（1）.

［113］袁春生，祝建军．经理人市场竞争、经理人激励与上市公司财务舞弊的关系［J］．财会月刊，2007（20）：15-17.

［114］翟进步．并购双重定价安排、声誉约束与利益输送［J］．管理评论，2018，30（6）：212-226.

［115］张芳芳，刘淑莲．现金持有、并购决策与并购绩效［J］．山西财经大学学报，2015，37（4）.

［116］张建军，郑丹琳．会计师事务所选聘特征与并购溢价的关系研究［J］．商业会计，2017（23）：6-11.

［117］张进华，袁振兴．高管团队特征与企业社会资本形成的关系研究［J］．财会月刊，2011（3）：34-38.

［118］张敏，李延喜．企业家声誉对债务融资影响研究［J］．大连理工大学学报（社会科学版），2014（1）：52-57.

［119］张洽．CEO薪酬、权力寻租与并购绩效——基于我国上市公司的实证分析［J］．中南财经政法大学学报，2013（5）：115-122.

［120］张燃，刘澄，连玉君．经营者将要退休是否影响公司绩效——以中国A股市场为例［J］．经济与管理研究，2011（5）：21-31.

［121］张天舒，黄俊．声誉、政治关系与企业垂直整合［J］．财经研究，2011（12）：27-38.

［122］张维迎．产权、激励与公司治理［M］．北京：经济科学出版社，2005.

［123］张维迎．公司融资结构的契约理论：一个综述［J］．改革，1995（4）：109-116.

［124］张五常．经济解释［M］．北京：商务印书馆，2000.

［125］张正勇，吉利．企业家人口背景特征与社会责任信息披露——来自中国上市公司社会责任报告的经验证据［J］．中国人口．资源与环境，2013，23（4）：131-138.

［126］张志宏，朱晓琳．产权性质、高管外部薪酬差距与企业风险承担［J］．中南财经政法大学学报，2018，No.228（3）：15-23，159.

［127］赵西卜，王放，李哲，等．央企高管的职业生涯关注与投资效率——来自反腐风暴背景下的经验证据［J］．经济理论与经济管理，2015，

35（12）：78－93.

［128］章细贞，何琳．管理者过度自信、公司治理与企业并购决策相关性的实证研究［J］．中南大学学报（社会科学版），2012（5）：148－153.

［129］赵息，陈佳琦．创业板上市公司股权结构对并购绩效的影响［J］．东北大学学报（社会科学版），2016，18（3）：255－261.

［130］赵妍，赵立彬．晋升激励影响并购价值创造吗？——来自国有控股企业的经验证据［J］．经济经纬，2018.

［131］赵岩，李佳宾，黄良佳．杠杆并购中负债水平对并购绩效敏感性研究——基于高管持股代理成本效应视角［J］．会计之友，2017（14）：79－87.

［132］郑晓倩．董事会特征与企业风险承担实证研究［J］．金融经济学研究，2015（3）：107－118.

［133］钟海燕，张猛．CEO年龄对企业风险承担与资本配置效率的影响研究［J］．会计之友，2014（21）：52－54.

［134］周绍妮，王惠瞳．支付方式、公司治理与并购绩效［J］．北京交通大学学报（社会科学版），2015，14（2）：39－44.

［135］周小春，李善民．并购价值创造的影响因素研究［J］．管理世界，2008（5）：134－143.

［136］朱晓琳，方拥军．CEO权力、高管团队薪酬差距与企业风险承担［J］．经济经纬，2018.

［137］赵息，张西栓．内部控制、高管权力与并购绩效——来自中国证券市场的经验证据［J］．南开管理评论，2013，16（2）：75－81.

［138］Acemoglu D，Zilibotti F. Was Prometheus Unbound by Chance? Risk, Diversification, and Growth［J］．Journal of Political Economy，1997，105（4）：709－751.

［139］Acharya V V，Amihud Y，Litov L. Creditor rights and corporate risk-taking［J］．Social Science Electronic Publishing，2009，102（1）：150－166.

［140］Alchian A A，Demsetz H. Production, Information Costs, and Economic Organization［J］．IEEE Engineering Management Review，1972，62（5）：777－795.

[141] Amihud Y, Lev B. Risk Reduction As A Managerial Motive For Conglomerate Mergers [J]. The Bell Journal of Economics, 1981, 12 (2): 605 – 617.

[142] Andreoni J, Miller J H. Rational Cooperation in the Finitely Repeated Prisoner's Dilemma: Experimental Evidence [J]. Journal of Economic Theory, 1993, 27 (2): 245 – 252.

[143] Arif S, Lee C M C. Aggregate Investment and Investor Sentiment [J]. Social Science Electronic Publishing, 2013, 27 (11): 3241 – 3279.

[144] Armstrong C S, Vashishtha R. Executive stock options, differential risk-taking incentives, and firm value [J]. Journal of Financial Economics, 2012, 104 (1): 70 – 88.

[145] Attig N, Ghoul S E, Guedhami O, et al. The governance role of multiple large shareholders: evidence from the valuation of cash holdings [J]. Journal of Management & Governance, 2013, 17 (2): 419 – 451.

[146] Bae S C, Sakthivel S. An Empirical Analysis of Exchange Ratio Determination Models for Merger: A Note [J]. Journal of Business Finance & Accounting, 2010, 27 (3&4): 511 – 521.

[147] Baik B, Farber D B, Lee S. CEO Ability and Management Earnings Forecasts [J]. Contemporary Accounting Research, 2011, 28 (5): 1645 – 1668.

[148] Bailey F G. Gifts and Poison: The Politics of Reputation [M]. Oxford Blackwell, 1971.

[149] Baixaulisoler J S, Sanchezmarin G. CEO reputation and top management team compensation [J]. Management Decision, 2014, 87 (3): 540 – 558.

[150] Baker G, Gibbons R, Murphy K J. Subjective Performance Measures in Optimal Incentive Contracts [J]. Quarterly Journal of Economics, 1994, 109 (4): 1125 – 1156.

[151] Banz R W. The relationship between return and market value of common stocks [J]. Journal of Financial Economics, 1981, 9 (1): 3 – 18.

［152］ Bao J, Edmans A. Do Investment Banks Matter for M&A Returns? ［J］. Review of Financial Studies, 2011, 24（7）: 2286 – 2315.

［153］ Bargeron L L, Lehn K M, Zutter C J. Sarbanes-Oxley and corporate risk-taking ［J］. Journal of Accounting & Economics, 2010, 49（1）: 34 – 52.

［154］ Beasley M S. An Empirical Analysis of the Relation between the Board of Director Composition and Financial Statement Fraud ［J］. Accounting Review, 1996, 71（4）: 443 – 465.

［155］ Bednar M K, Love E G, Kraatz M. Paying the price? The impact of controversial governance practices on managerial reputation ［J］. Academy of Management Journal, 2015, 58（6）: 1740 – 1760.

［156］ Bhaumik S K, Selarka E. Does ownership concentration improve M&A outcomes in emerging markets?: Evidence fromIndia ［J］. Journal of Corporate Finance, 2012, 18（4）: 717 – 726.

［157］ Boubakri N, Cosset J C, Saffar W. The role of state and foreign owners in corporate risk-taking: Evidence from privatization ［J］. Journal of Financial Economics, 2011, 108（3）: 641 – 658.

［158］ Bradley M. Interfirm Tender Offers and the Market for Corporate Control ［J］. Journal of Business, 1980, 53（4）: 345 – 376.

［159］ Bromiley P. Testing a Causal Model of Corporate Risk Taking and Performance ［J］. Academy of Management Journal, 1991, 34（1）: 37 – 59.

［160］ Cai Y, Sevilir M. Board connections and M&A transactions ［J］. Journal of Financial Economics, 2010, 103（2）: 327 – 349.

［161］ Cambini C, Rondi L, Masi S D. Incentive Compensation in Energy Firms: Does Regulation Matter? ［J］. Corporate Governance An International Review, 2015, 23（4）: 378 – 395.

［162］ Carter R, Manaster S. Initial Public Offerings and Underwriter Reputation ［J］. Journal of Finance, 1990, 45（4）: 1045 – 1067.

［163］ Chahine S, Ismail A. Premium, merger fees and the choice of investment banks: A simultaneous analysis ［J］. Quarterly Review of Economics & Finance, 2009, 49（2）: 159 – 177.

[164] Chancharat N, Krishnamurti C, Tian G. Board Structure and Survival of New Economy IPO Firms [J]. Corporate Governance An International Review, 2012, 20 (2): 144 – 163.

[165] Chen C R, Steiner T L. Managerial Ownership and Agency Conflicts: A Nonlinear Simultaneous Equation Analysis of Managerial Ownership, Risk Taking, Debt Policy, and Dividend Policy [J]. Financial Review, 2010, 34 (1): 119 – 136.

[166] Chintrakarn P, Jiraporn P, Tong S. How do powerful CEOs view corporate risk-taking? Evidence from the CEO pay slice (CPS) [J]. Applied Economics Letters, 2015, 22 (2): 104 – 109.

[167] Cho S Y, Arthurs J D, Townsend D M, et al. Performance deviations and acquisition premiums: The impact of CEO celebrity on managerial risk-taking [J]. Strategic Management Journal, 2016, 37 (13): 2677 – 2694.

[168] Cianci A M, Kaplan S E. The effect of CEO reputation and explanations for poor performance on investors' judgments about the company's future performance and management [J]. Accounting Organizations & Society, 2010, 35 (4): 478 – 495.

[169] Fombrun C, Van Riel C. The Reputational Landscape [J]. Corporate Reputation Review, 1997, 1 (1): 5 – 13.

[170] Coase R H. The nature of the firm [J]. Economica, 1937, 4 (16): 386 – 405.

[171] Kehoe P J, Cole H L. Reputation Spillover across Relationships: Reviving Reputation Models of Debt [J]. Social Science Electronic Publishing, 1996, 116 (116): 175 – 177.

[172] Coleman J S. Social Capital in the Creation of Human Capital [J]. American Journal of Sociology, 1988, 94 (Volume 94Number): 95 – 120.

[173] Coles J L, Daniel N D, Naveen L. Managerial incentives and risk-taking [J]. Journal of Financial Economics, 2005, 79 (2): 431 – 468.

[174] Comment R, Schwert G W. Poison or placebo? Evidence on the deterrence and wealth effects of modern antitakeover measures [J]. Journal of Financial

Economics, 1995, 39 (1): 3 −43.

[175] Core J E, Holthausen R W, Larcker D F. Corporate governance, chief executive officer compensation, and firm performance [J]. Journal of Financial Economics, 1999, 51 (2): 141 −152.

[176] Cotter J F, Shivdasani A, Zenner M. Do independent directors enhance target shareholder wealth during tender offers? [J]. Journal of Financial Economics, 2004, 43 (2): 195 −218.

[177] Craninckx K, Huyghebaert N. Can Stock Markets Predict M&A Failure? A Study of European Transactions in the Fifth Takeover Wave [J]. European Financial Management, 2011, 17 (1): 9 −45.

[178] Defusco R A, Zorn T S, Johnson R R. The Association between Executive Stock Option Plan Changes and Managerial Decision Making [J]. Financial Management, 1991, 20 (1): 36 −43.

[179] Dhiensiri N, Sahin O F, Sarajoti P. Equity-based compensation and performance of acquisitions [J]. International Journal of Monetary Economics and Finance, 2011, 4 (3): 217 −237.

[180] Diaz Diaz B, Sanfilippo Azofra S. Determinants of Premiums Paid in European Banking Mergers and Acquisitions [J]. Social Science Electronic Publishing, 2009, 1 (4): 358 −380.

[181] Dong Z, Cong W, Fei X. Do executive stock options induce excessive risk taking? [J]. Journal of Banking & Finance, 2010, 34 (10): 2518 −2529.

[182] Easley D, O'Hara M. Information and the Cost of Capital [J]. Journal of Finance, 2004, 59 (4): 1553 −1583.

[183] Edmans A, Gabaix X. The Effect of Risk on the CEO Market [J]. Review of Financial Studies, 2011, 24 (8): 2822 −2863.

[184] Fabian H, Katja R, Margit O. Do Synergies Exist in Related Acquisitions? A Meta-analysis of Acquisition Studies [J]. Review of Managerial Science, 2009, 3 (2): 75 −116.

[185] Faccio M, Marchica M T, Mura R. CEO Gender and Corporate Risk-Taking [J]. Social Science Electronic Publishing, 2014, 39: 193 −209.

[186] Fama E F. Agency Problems and the Theory of the Firm [J]. Journal of Political Economy, 1980, 88 (2): 288 – 307.

[187] Carpenter R E, Fazzari S M, Petersen B C. Financing Constraints and Inventory Investment: A Comparative Study with High-Frequency PanelData [J]. Review of Economics & Statistics, 1998, 80 (4): 513 – 519.

[188] Fetscherin M. The CEO branding mix [J]. Journal of Business Strategy, 2015, 36 (6): 22 – 28.

[189] Fombrun C, Shanley M. What's in a Name? Reputation Building and Corporate Strategy [J]. Academy of Management Journal, 1990, 33 (2): 233 – 258.

[190] Fombrun C J, Riel C B M V. The Reputational Landscape [J]. Corporate Reputation Review, 1997, 1 (1): 1 – 16.

[191] Francis J, Huang A, Rajgopal S, et al. CEO Reputation and Earnings Quality [J]. Contemporary Accounting Research, 2008, 25 (1): 109 – 147.

[192] Francoeur C, Ben-Amar W, Hafsi, Taieb, et al. What Makes Better Boards?: A Closer Look at Diversity and Ownership [J]. Social Science Electronic Publishing.

[193] Gainesross L. CEO Reputation: A Key Factor in Shareholder Value [J]. Corporate Reputation Review, 2000, 3 (4): 366 – 370.

[194] Gaur A S, Zhu P. Acquisition announcements and stock market valuations of acquiring firms' rivals: A test of the growth probability hypothesis in China [J]. Strategic Management Journal, 2013, 34 (2): 215 – 232.

[195] Alexandridis G, Fuller K P, Terhaar L, et al. Deal size, acquisition premia and shareholder gains [J]. Journal of Corporate Finance, 2012, 20 (1): 1 – 13.

[196] Gibbons R, Murphy K J. Optimal Incentive Contracts in the Presence of Career Concerns: Theory and Evidence [J]. Working Papers, 2004, 100 (3): 468 – 505.

[197] Globerman S, Shapiro D. Economic and strategic considerations sur-

rounding Chinese FDI in the United States [J]. Asia Pacific Journal of Management, 2009, 26 (1): 163 – 183.

[198] Gomes A. Going Public without Governance: Managerial Reputation Effects [J]. Journal of Finance, 2010, 55 (2): 615 – 646.

[199] Gopalan R, Nanda V K, Seru A. Reputation and Spillovers: Evidence from Indian Business Groups [J]. Ssrn Electronic Journal, 2005.

[200] Granovetter M. The Strength of Weak Ties: A Network Theory Revisited [J]. Sociological Theory, 1983, 1 (6): 201 – 233.

[201] Grinstein Y, Hribar P. CEO compensation and incentives: Evidence from M&A bonuses [J]. Social Science Electronic Publishing, 2004, 73 (1): 119 – 143.

[202] Grossman S J, Hart O D. The Costs and Benefits of Ownership: A Theory of Vertical and Lateral Integration [J]. Journal of Political Economy, 1986, 94 (4): 691 – 719.

[203] Güner A B, Malmendier U, Tate G. Financial expertise of directors [J]. Journal of Financial Economics, 2008, 88 (2): 323 – 354.

[204] Habib A, Hasan M M. Firm life cycle, corporate risk-taking and investor sentiment [J]. Accounting & Finance, 2015, 57.

[205] Hadlock C J, Pierce J R. New Evidence on Measuring Financial Constraints: Moving Beyond the KZ Index [J]. Review of Financial Studies, 2010, 23 (5): 1909 – 1940.

[206] Hallock K F. Reciprocally Interlocking Boards of Directors and Executive Compensation [J]. Journal of Financial & Quantitative Analysis, 1997, 32 (3): 331 – 344.

[207] Hambrick D C. Explaining the Premiums Paid for Large Acquisitions: Evidence of CEO Hubris [J]. Administrative Science Quarterly, 1997, 42 (1): 103 – 127.

[208] Hambrick D C, Mason P A. Upper Echelons: The Organization as a Reflection of Its Top Managersl [J]. Social Science Electronic Publishing, 1984, 9 (2): 193 – 206.

[209] Li K. Decoupling CEO Wealth and Firm Performance: The Case of Acquiring CEOs [J]. Journal of Finance, 2007, 62 (2): 917 – 949.

[210] Li K, Harford J, Jenter D. Conflicts of Interests Among Shareholders: The Case of Corporate Acquisitions [J]. Social Science Electronic Publishing, 2006, 66: 1343 – 1346.

[211] Harjoto M A, Laksmana I, Yang Y W. Board Diversity and Corporate Risk Taking [J]. Social Science Electronic Publishing, 2014.

[212] Hart O, Moore J. Property Rights and the Nature of theFirm [J]. Journal of Political Economy, 1990, 98 (6): 1119 – 1158.

[213] Hart O, Moore J. Debt and Seniority: An Analysis of the Role of Hard Claims in Constraining Management [J]. American Economic Review, 1995, 85 (3): 567 – 585.

[214] Hayes R M, Lemmon M, Qiu M. Stock options and managerial incentives for risk taking: Evidence from FAS 123R [J]. Journal of Financial Economics, 2012, 105 (1): 174 – 190.

[215] Hayward M L A, Rindova V P, Pollock T G. Believing one's own press: the causes and consequences of CEO celebrity [J]. Strategic Management Journal, 2010, 25 (7): 637 – 653.

[216] Healy P M, Palepu K G, Ruback R S. Does corporate performance improve after mergers? [J]. Social Science Electronic Publishing, 1990, 31 (2): 135 – 175.

[217] Heaton J B. Managerial Optimism and Corporate Finance [J]. Financial Management, 2002, 31 (2): 33 – 45.

[218] Herbig P, Milewicz J, Golden J. A model of reputation building and destruction [J]. Journal of Business Research, 2004, 31 (1): 23 – 31.

[219] Hilary G, Hui K W. Does Religion Matter in Corporate Decision Making in America? [J]. Social Science Electronic Publishing, 2010, 93 (3): 455 – 473.

[220] Himmelberg C P, Hubbard R G. Incentive Pay and the Market for CEOs: An Analysis of Pay-For-Performance Sensitivity [J]. Ssrn Electronic Jour-

nal, 2000.

［221］Holmström B. Managerial Incentive Problems: A Dynamic Perspective
［J］. Review of Economic Studies, 2010, 66 (1): 169 – 182.

［222］Holmström B, Roberts J. The Boundaries of the Firm Revisited ［J］.
Journal of Economic Perspectives, 1998, 12 (4): 73 – 94.

［223］Homberg F, Rost K, Osterloh M. Do synergies exist in related acqui-
sitions? A meta-analysis of acquisition studies ［J］. Review of Managerial Science,
2009, 3 (2): 75 – 116.

［224］Walkling R A. Target abnormal returns associated with acquisition an-
nouncements: Payment, acquisition form, and managerial resistance ［J］. Jour-
nal of Financial Economics, 1987, 19 (2): 329 – 349.

［225］Hunter W C, Jagtiani J. An analysis of advisor choice, fees, and ef-
fort in mergers and acquisitions ［J］. Review of Financial Economics, 2004, 12
(1): 65 – 81.

［226］Huson M R, Malatesta P H, Parrino R. Managerial succession and
firm performance ［J］. Journal of Financial Economics, 2004, 74 (2): 237 –
275.

［227］Jane Jacobs. The Death and life of great American cities ［M］. New
York: Random House, 1961.

［228］Johnson W B, Young S M, Welker M. Managerial Reputation and the
Informativeness of Accounting and Market Measures of Performance ［J］. Contem-
porary Accounting Research, 2010, 10 (1): 305 – 332.

［229］Michael C Jensen, William H Meckling. Theory of the Firm: Manage-
rial Behavior, Agency Costs and Ownership Structure ［J］. Journal of Financial
Economics, 1976, (3) 4: 305 – 360.

［230］Ming J, Lee K W. Does CEO reputation matter for capital investments?
［J］. Journal of Corporate Finance, 2011, 17 (4): 929 – 946.

［231］Jiang T, Nie H. The stained China miracle: Corruption, regulation,
and firm performance ［J］. Economics Letters, 2014, 123 (3): 366 – 369.

［232］Jiraporn P, Chatjuthamard P, Tong S, et al. Does corporate governance influence corporate risk-taking? Evidence from the Institutional Shareholders Services (ISS) [J]. Finance Research Letters, 2015, 13: 105 – 112.

[233] John K, Litov L, Yeung B. Corporate Governance and Risk-Taking [J]. Journal of Finance, 2008, 63 (4): 1679 – 1728.

[234] Kaplan S, Zingales L. Do Financing Constraints Explain Why Investment Is Correlated with Cash Flow [J]. Quarterly Journal of Economics, 1997, 2 (11): 169 – 215.

[235] Kaplan S E, Samuels J A, Cohen J. An Examination of the Effect of CEO Social Ties and CEO Reputation on Nonprofessional Investors' Say-on-Pay Judgments [J]. Journal of Business Ethics, 2015, 126 (1): 103 – 117.

[236] Kennes J, Schiff A. Simple Reputation Systems [J]. Scandinavian Journal of Economics, 2007, 109 (1): 71 – 91.

[237] Jr D J K, Adams G L, Shook C L. Understanding and managing CEO celebrity [J]. Business Horizons, 2008, 51 (6): 529 – 534.

[238] Kini O, Williams R. Tournament incentives, firm risk, and corporate policies [J]. Social Science Electronic Publishing, 2012, 103 (2): 350 – 376.

[239] Koerniadi H, Krishnamurti C, Touranirad A. Corporate Governance and Risk-Taking in New Zealand [J]. Australian Journal of Management, 2014, 39 (2): 227 – 245.

[240] Koh K. Value or Glamour? An empirical investigation of the effect of celebrity CEOs on financial reporting practices and firm performance [J]. Accounting & Finance, 2014, 51 (2): 517 – 547.

[241] Kreps D M, Wilson R. Reputation and imperfect information [J]. Levines Working Paper Archive, 1999, 27 (2): 253 – 279.

[242] Laamanen T. On the Role of Acquisition Premium in Acquisition Research [J]. Strategic Management Journal, 2007, 28 (13): 1359 – 1369.

[243] Leuz C, Verrecchia R E. The Economic Consequences of Increased Disclosure [J]. Journal of Accounting Research, 2000, 38 (5): 91 – 124.

[244] Li K, Griffin D, Yue H, et al. How does culture influence corporate risk-taking? [J]. Journal of Corporate Finance, 2013, 23 (4): 1 – 22.

[245] Li X, Low A, Makhija A K. Career concerns and the busy life of the young CEO [J]. Journal of Corporate Finance, 2017: S0929119917305321.

[246] Liu Q. A game analysis on reputation governance mechanism of trade behaviors in industrial cluster [C]. International Conference on Management Science & Engineering. 2009.

[247] Low A. Managerial risk-taking behavior and equity-based compensation [J]. Journal of Financial Economics, 2009, 92 (3): 470 – 490.

[248] Lumpkin G T, Dess G G. Clarifying the entrepreneurial orientation construct and linking it to performance. [J]. Academy of Management Review, 1996, 21 (1): 135 – 172.

[249] Lundstrum L L. Corporate investment myopia: A horserace of the theories [J]. Journal of Corporate Finance, 2002, 8 (4): 353 – 371.

[250] Mailath G J, Samuelson L. Private Monitoring [J]. Caress Working Papres, 1998.

[251] Mailath G J, Samuelson L. Who Wants a Good Reputation? [J]. The Review of Economic Studies, 2001, 68 (2): 415 – 441.

[252] Malmendier U, Tate G. Superstar CEOs [J]. Quarterly Journal of Economics, 2009, 124 (4): 1593 – 1638.

[253] Malmendier U, Tate G. Who makes acquisitions? CEO overconfidence and the market's reaction [J]. Journal of Financial Economics, 2003, 89 (1): 20 – 43.

[254] Mclean R D, Zhao M X. The Business Cycle, Investor Sentiment, and Costly External Finance [J]. Journal of Finance, 2014, 69 (3): 1377 – 1409.

[255] Milbourn T T. CEO reputation and stock-based compensation [J]. Journal of Financial Economics, 2003, 68 (2): 233 – 262.

[256] Fudenberg D, Holmstrom B, Milgrom P. Short-term contracts and long-term agency relationships [J]. Journal of Economic Theory, 1990, 51 (1): 1 – 31.

[257] Du M, Boateng A. State ownership, institutional effects and value cre-

ation in cross-border mergers & acquisitions by Chinese firms [J]. International Business Review, 2015, 24 (3): 430 –442.

[258] Ming J, Lee K W. Does CEO reputation matter for capital investments? [J]. Journal of Corporate Finance, 2011, 17 (4): 929 –946.

[259] Mishra D R. Multiple Large Shareholders and Corporate Risk Taking: Evidence from East Asia [J]. Corporate Governance An International Review, 2011, 19 (6): 507 –528.

[260] Mitchell M L, Lehn K. Do Bad Bidders Become Good Targets? [J]. Journal of Political Economy, 2010, 3 (2): 60 –69.

[261] Mkrtchyan A. Director Compensation Incentives: Evidence from Acquisitions [J]. SSRN Electronic Journal, 2012.

[262] Modigliani F, Miller M H. The Cost of Capital [J]. Corporation Finance and the Theory of Investment, 1959, 48 (4): 443 –453.

[263] Moeller T. Let's make a deal! How shareholder control impacts merger payoffs [J]. Journal of Financial Economics, 2005, 76 (1): 167 –190.

[264] Morck R, Shleifer A, Vishny R W. Do Managerial Objectives Drive Bad Acquisitions? [J]. Journal of Finance, 1990, 45 (1): 31 –48.

[265] Mullin G L, Mullin J C, Mullin A W P. The Competitive Effects of Mergers: Stock Market Evidence from the U. S. Steel Dissolution Suit [J]. Rand Journal of Economics, 1995, 26 (2): 314 –330.

[266] Nakano M, Nguyen P. Board Size and Corporate Risk Taking: Further Evidence from Japan [J]. Corporate GovernanceAn International Review, 2012, 20 (4): 369 –387.

[267] Officer M S. Termination fees in mergers and acquisitions [J]. Journal of Financial Economics, 2003, 69 (3): 431 –467.

[268] Hart O, Moore J. Property Rights and the Nature of the Firm [J]. Journal of Political Economy, 1990, 98 (6): 1119 –1158.

[269] Park C, Seo J, Chin M. CEOs on a Bed of Thorns: The Effects of the CEO Labor Market on R&D Investment in High-Technology Firms [J]. Social Science Electronic Publishing, 2012.

[270] Park J H, Kim C, Sung Y D. Whom to dismiss? CEO celebrity and management dismissal [J]. Journal of Business Research, 2014, 67 (11): 2346 – 2355.

[271] Parrino R. CEO turnover and outside succession A cross-sectional analysis [J]. Journal of Financial Economics, 1997, 46 (2): 165 – 197.

[272] Peltomäki J, Swidler S, Vähämaa S. Age, Gender, and Risk-Taking: Evidence from the S&P 1500 Executives and Firm Riskiness [J]. Social Science Electronic Publishing, 2015.

[273] Prendergast C, Stole L. Impetuous Youngsters and Jaded Old-Timers: Acquiring a Reputation for Learning [J]. Journal of Political Economy, 1996, 104 (6): 1105 – 1134.

[274] Putnam R D. Tuning In, Tuning Out: The Strange Disappearance of Social Capital in America [J]. Ps Political Science & Politics, 1995, 28 (4): 664 – 683.

[275] Pyle W. Overbanked and Credit-Starved: A Paradox of the Transition [J]. Journal of Comparative Economics, 2002, 30 (1): 25 – 50.

[276] Radner R. Monitoring cooperative agreements in a repeated principal-agent relationship [J]. Economitrica, 1981, 49 (5): 1127 – 1148.

[277] Rajgopal S. The economic implications of corporate financial reporting [J]. Journal of Accounting & Economics, 2005, 40 (1): 3 – 73.

[278] Rhoades S A. Determinants of premiums paid in bank acquisitions [J]. Atlantic Economic Journal, 1987, 15 (1): 20 – 30.

[279] Rhodes-Kropf M, Viswanathan S. Market valuation and merger waves [J]. The Journal of Finance, 2004, 59 (6): 2685 – 2718.

[280] Roll R. The Hubris Hypothesis of Corporate Takeovers [J]. Journal of Business, 1986, 59 (2): 197 – 216.

[281] Rossi S, Volpin P F. Cross-country determinants of mergers and acquisitions [J]. Cepr Discussion Papers, 2004, 74 (2): 277 – 304.

[282] Ross H L. Law, Science, and Accidents: The British Road Safety Act of 1967 [J]. Journal of Legal Studies, 1973, 2 (1): 1 – 78.

[283] Shleifer A, Vishny R W. Politicians and Firms [J]. Quarterly Journal of Economics, 1994, 109 (4): 995 – 1025.

[284] Shleifer A, Vishny R W. Stock market driven acquisitions [J]. Journal of Financial Economics, 2003, 70 (3): 295 – 311.

[285] Slovin M B, Sushka M E, Polonchek J A. Methods of Payment in Asset Sales: Contracting with Equity versus Cash [J]. Journal of Finance, 2010, 60 (5): 2385 – 2407.

[286] Slusky A R, Caves R E. Synergy, Agency, and the Determinants of Premia Paid in Mergers [J]. The Journal of Industrial Economics, 1991, 39 (3): 277.

[287] Sohn Y J, Lariscy R. Resource-Based Crisis Management: The Important Role of the CEO's Reputation [J]. Journal of Public Relations Research, 2012, 24 (4): 318 – 337.

[288] Sokolyk T. The effects of antitakeover provisions on acquisition targets [J]. Journal of Corporate Finance, 2011, 17 (3): 612 – 627.

[289] Song M H, Walkling R A. The Impact of Managerial Ownership on Acquisition Attempts and Target Shareholder Wealth [J]. Journal of Financial & Quantitative Analysis, 1993, 28 (4): 439 – 457.

[290] Savor P G, Qi L U. Do Stock Mergers Create Value for Acquirers? [J]. Journal of Finance, 2009, 64 (3): 1061 – 1097.

[291] Su W, Lee C Y. Effects of corporate governance on risk taking in Taiwanese family firms during institutional reform [J]. Asia Pacific Journal of Management, 2013, 30 (3): 809 – 828.

[292] Sudarsanam P, Huang J. Gender Diversity in Us Top Management: Impact on Risk-Taking and Acquirer Performance [J]. Ssrn Electronic Journal, 2007.

[293] Tadelis S. What's in a Name? Reputation as a Tradeable Asset [J]. Social Science Electronic Publishing, 1999, 89 (3): 548 – 563.

[294] Uysal V B. Deviation from the target capital structure and acquisition choices [J]. Journal of Financial Economics, 2011, 102 (3): 602 – 620.

［295］ Wade J B, Porac J F, Pollock T G, et al. The Burden of Celebrity: The Impact of Ceo Certification Contests on Ceo Pay and Performance ［J］. Academy of Management Journal, 2006, 49 (4): 643 – 660.

［296］ Walkling R A, Edmister R O. Determinants of Tender Offer Premiums ［J］. Financial Analysts Journal, 1985, 41 (1): 27 – 37.

［297］ Walker K. A Systematic Review of the Corporate Reputation Literature: Definition, Measurement, and Theory ［J］. Corporate Reputation Review, 2010, 12 (4): 357 – 387.

［298］ Wang C J. Board size and firm risk-taking ［J］. Review of Quantitative Finance & Accounting, 2012, 38 (4): 519 – 542.

［299］ Whited T M, Wu G. Financial Constraints Risk ［J］. Review of Financial Studies, 2006, 19 (2): 531 – 559.

［300］ Wright P, Ferris S P, Sarin A, et al. Impact of Corporate Insider, Blockholder, and Institutional Equity Ownership on Firm Risk Taking ［J］. Academy of Management Journal, 1996, 39 (2): 441 – 463.